COSTURAS para
FICHAS TECNICAS

Guía Visual para Producción de Indumentaria

Costuras para Fichas Técnicas
Guía Visual para Producción de Indumentaria.

copyright © 2020 por ABC Seams® Pty. Ltd.

Reservados todos los derechos. No se permite la reproducción total o parcial de esta obra, ni su incorporación a un sistema informático, ni su transmisión en cualquier forma o por cualquier medio (electrónico, fotocopia, grabación u otros) sin autorización previa y por escrito de los titulares del copyright. La infracción de dichos derechos puede constituir un delito contra la propiedad intelectual.

Editado y publicado por Memory Card Publishing.

ABC Seams® es una Marca Registrada.
Casilla de Correo 30 (4886), QLD, Australia

ISBN: 978-0-6482734-5-5

Descubre más en **www.abcseams.com**

Si tiene algún comentario, escríbenos a *feedback@abcseams.com*

Gracias.

El equipo de ABC Seams®

A aquellos Profesores que nos abren las puertas de la creatividad y nos empujan a hacer realidad nuestros sueños.

... gracias!

Guía Visual para Producción de Indumentaria

ÍNDICE

Primera Parte
INTRODUCCIÓN

Prefacio 12
Introducción 14
Cómo Leer Este Libro 18
Iconos y Abreviaturas 23

Segunda Parte
FICHAS DE CONSTRUCCIÓN

Tops 26
Vestido 66
Bajos 72
Abrigos 120
Ropa Interior 166
Traje de Baño 174

Tercera Parte
MATERIAL DE REFERENCIA

Ejemplos de Fichas Técnicas 185
Guía de Selección de Hilos 200
Anatomía de una Costura 201
Tipos de Puntadas 202
Tipos de Pespuntes 204
Índex 206

CRÉDITOS

Bibliografía 218
Agradecimientos 221

FICHAS DE
CONSTRUCCIÓN
Segunda Parte

Página
11

Punto
K

Denim
J

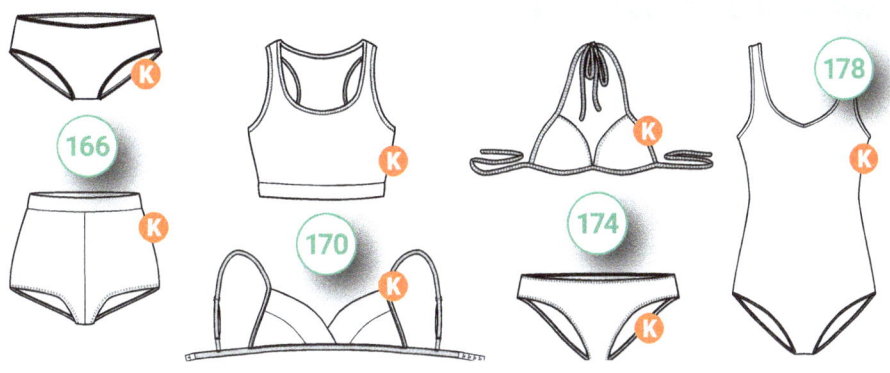

Primera Parte

INTRODUCCIÓN

PREFACIO

El salón está tranquilo y las luces son tenues. Puedo escuchar murmullos a lo lejos. Las modelos esperan en línea detrás de la cortina. El colorido maquillaje realza sus vestidos. Todo está listo.
Empieza a sonar la música, la ansiedad nos invade. Comienza el espectáculo...

Para muchos diseñadores, éste es uno de los momentos más deseados de su vida.

Después de meses de arduo trabajo, es en este instante cuando todo el esfuerzo cobra sentido. Todo el sacrificio vale la pena. Es el momento de gloria después de la batalla. Pero lo que sucedió antes fue indispensable para llegar a este punto...

Nosotros, los seres humanos, somos seres creadores.
Cada momento significativo de nuestro progreso ocurrió después de compartir nuestras ideas. Y luego, trabajamos en equipo para hacerlas realidad.

Pero a veces, las buenas ideas no llegan a ver la luz. Mueren incluso antes de nacer. Y seguro te preguntes -*¿por qué sucede esto?*
A lo largo de la historia, muchas personas ya se han hecho esta misma pregunta.
Interesantes estudios demuestran que no hay una única respuesta. Pero uno de los problemas más comunes es la falta de una buena comunicación.

Una brillante idea no es suficiente. También debemos saber cómo explicarla.

Diseño de Moda e Indumentaria

Producir prendas de vestir exitosamente es un gran desafío. Muchos diseñadores (¿la mayoría?) no se interesan en la parte técnica de su profesión. Se agobian sólo con la idea de hacer este trabajo, y esto es un verdadero problema. La información es confusa y poco práctica. Luego, surgen problemas que podrían evitarse desde el principio, y esto consume tiempo y energía de todo su equipo de trabajo. Peor aún, los talleres y proveedores no toman su trabajo seriamente, y hasta se niegan a trabajar con ellos.

Dar un mensaje claro es una habilidad esencial para cualquier diseñador que desee tener éxito en una industria tan competitiva como la de hoy en día.
Entonces, ¿cómo deberían explicar sus ideas los diseñadores?

Si eres estudiante o eres nuevo en la industria, el miedo a definir detalles técnicos suele manifestarse pronto: ya sea durante el proceso creativo o al momento de explicar tus diseños, el terror aparece y no sabes ni cómo comenzar… ¿te ha pasado?. Gran parte de ese miedo surge porque esta tarea no es clara.

Elaborar fichas técnicas correctamente es una habilidad con principios y métodos que tienen poco que ver con la moda y con las tendencias. Sabemos que es difícil encontrar información sobre este tema. Este es el primer motivo que nos llevó a escribir este libro.

No hay una sola forma de hacer fichas técnicas.
La información en este libro no son reglas prescritas. Este material es mucho más amplio que una mera explicación de cómo realizar descripciones técnicas. En cambio, lo debes usar como una herramienta de apoyo técnico y que a la vez, estimule tu creatividad.

Lo que encontrarás aquí es nuestro mejor consejo de años de trabajo con fichas técnicas y con fábricas en diferentes países.
En ABC Seams trabajamos con diseñadores, técnicos, patronistas, fabricantes y profesores. Gracias a su experiencia, hemos generado una información invaluable. La finalidad es simple: mejorar la comunicación en la industria textil.

Estamos encantados de compartir todo este conocimiento para ayudarte a llevar tus ideas al siguiente nivel. Nuestro objetivo es allanar tu camino y que logres desarrollar tus diseños con éxito.
Sin más, vamos a ello…

INTRODUCCIÓN

Crear prendas de vestir es un proceso complejo que implica varias etapas. Dependiendo del tamaño de tu marca, del tipo de ropa, de dónde se fabrican los productos y de cómo se venden, estas etapas pueden variar un poco. Pero en cualquiera de los casos, los productos son desarrollados mediante el uso de fichas técnicas.

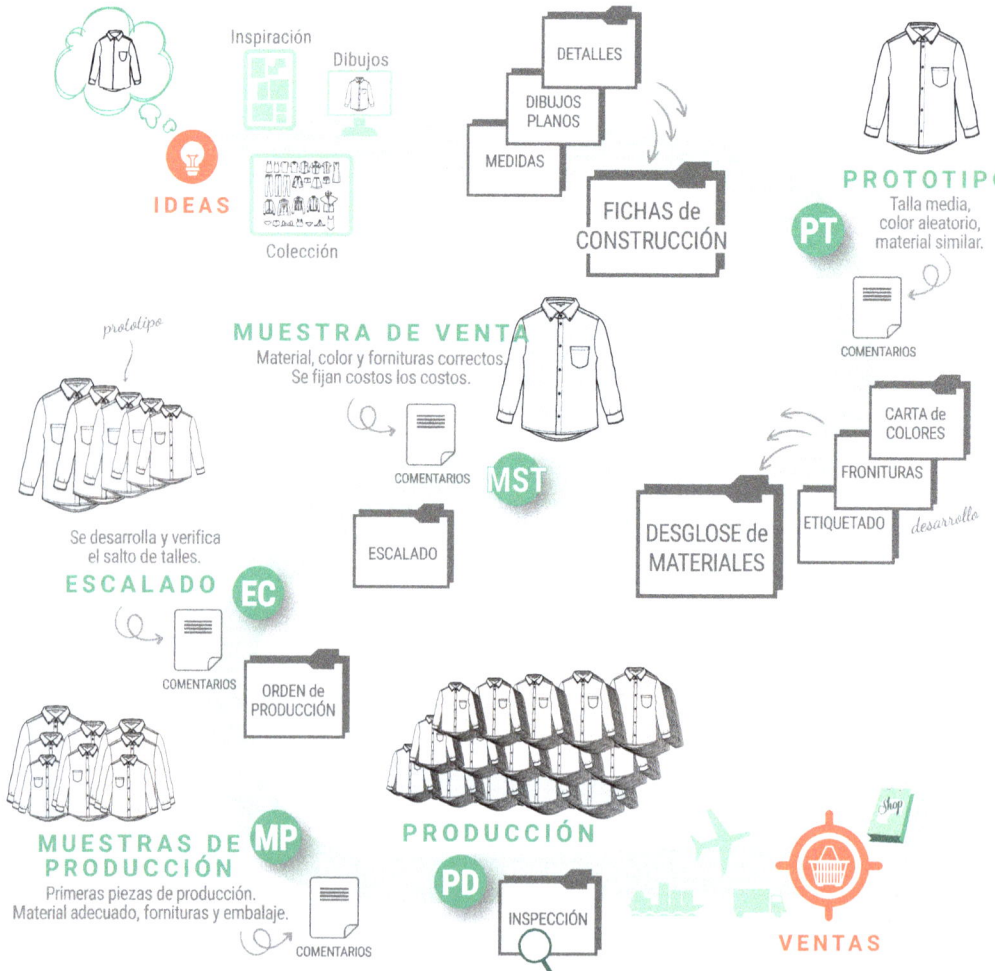

Fichas Técnicas

Comencemos por el principio... ¿qué es un *Ficha Técnica*?

Una *Ficha Técnica* es un documento con toda la información que una fábrica necesita para desarrollar un producto correctamente. Este documento está compuesto de varias partes, incluyendo detalles de construcción, acabados, medidas, materiales, colores, fornituras (o avíos), etc.

El objetivo de trabajar con fichas técnicas es minimizar los errores (¡y el tiempo!). Esta información te ayudará a mantener y controlar la calidad del producto en cualquier momento del proceso. Usarás las fichas desde el prototipo hasta el final de la producción.

Otro beneficio de usar fichas técnicas es que tu trabajo está organizado, así como el trabajo en la fábrica. Esto facilita enormemente el proceso de fabricación. Cuanto mejor hagas tus fichas técnicas, mejor trabajará el fabricante. Además, crearás un vínculo más fuerte entre ambos. A tu fabricante le encantará trabajar contigo.

Fichas de Construcción

Las *Fichas de Construcción* son aquellas páginas donde especificas el armado de la prenda. Aquí explicas los detalles que requieren una atención especial.

También, es aquí donde estableces los tipos de costuras y los tipos de puntadas.

Estas fichas son el documento que entregas para desarrollar el prototipo al comienzo del proceso, junto con la tabla de medidas.

Diseñar los detalles no es solo una cuestión estética.
La elección correcta de armado y terminaciones es fundamental tanto para lograr un buen diseño como para el éxito comercial. Este libro te ayudará a tomar decisiones adecuadas basadas en una comprensión técnica. Te recomendamos que lo uses como material de referencia al explicar tus diseños tanto a tu equipo interno, como a tu equipo externo.

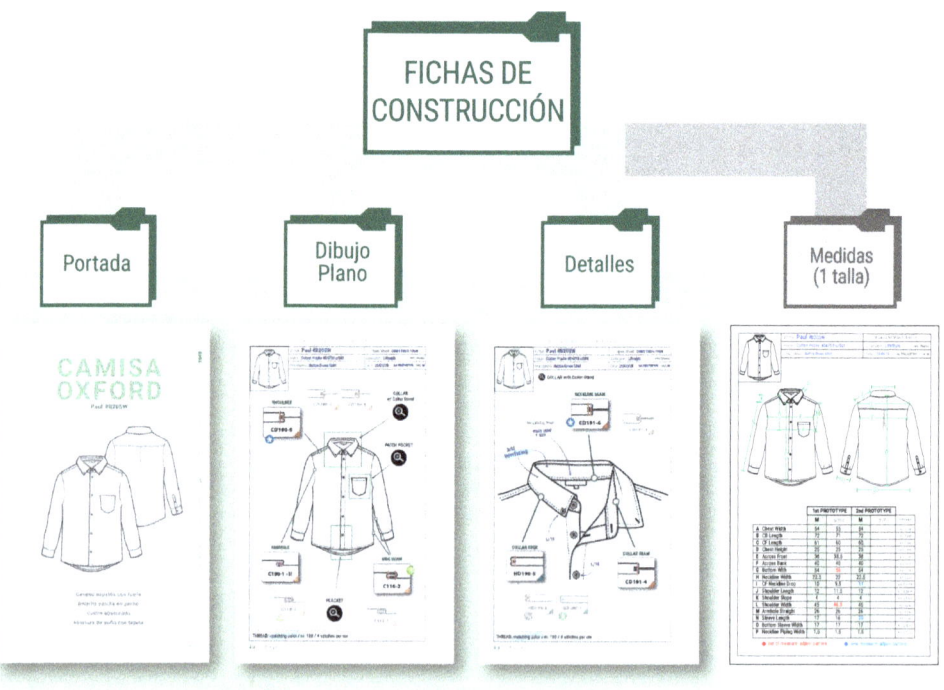

ESTE LIBRO

Estas 27 prendas conforman una colección de modelos básicos. Hemos diseñado esta colección para que la utilices como punto de partida cuando haces tus propias fichas de construcción.

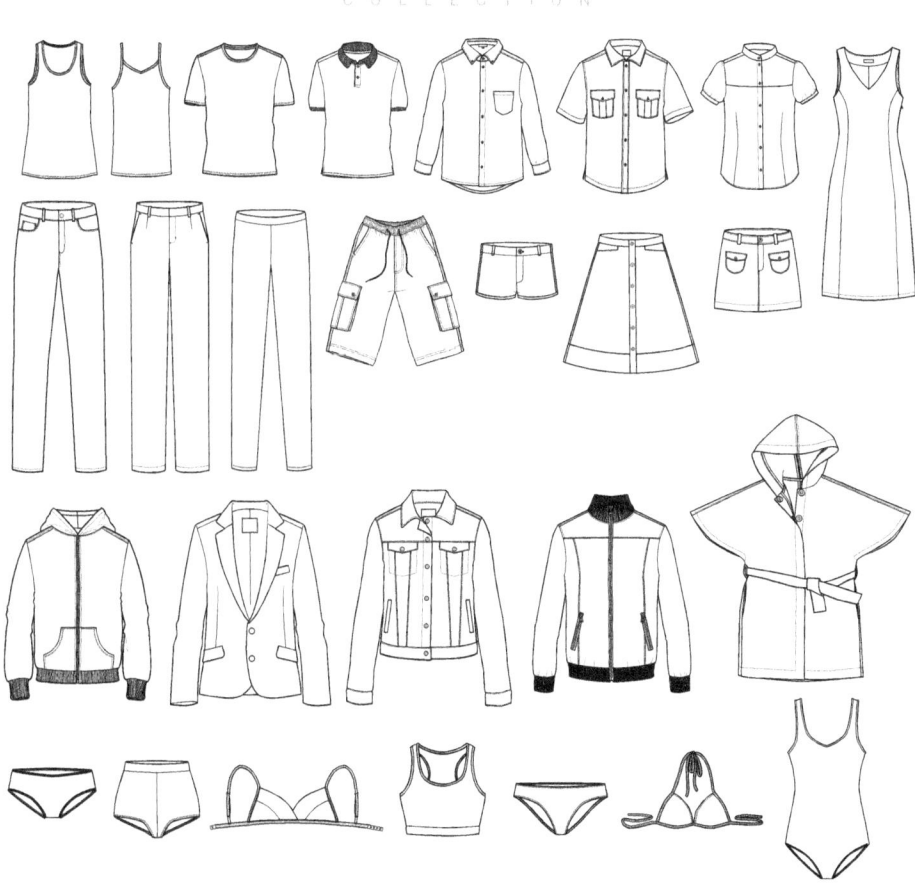

Como resultado, ganarás seguridad en tu trabajo. Tus colegas confiarán en tus decisiones. También mejorarás la calidad de tus productos, resolviendo asuntos técnicos de manera clara y acertada.

Costuras para Fichas Técnicas

CÓMO LEER

Este libro está dividido en 3 partes:

- Primera Parte: Introducción
- Segunda Parte: Fichas de Construcción
- Tercera Parte: Material de Referencia

Es en la *Segunda Parte* donde encontrarás el desarrollo técnico de todas las prendas. El enfoque y el propósito de este libro está aquí.

Cada prenda se desarrolla desde una perspectiva general hasta detalles específicos: esto incluye unas imágenes de inspiración, una descripción, dibujo plano del delantero y espalda (o geometrales), detalles, costuras, acabados y algunas notas adicionales.

INSPIRACIÓN → DESCRIPCIÓN GENERAL

DELANTERO Y ESPALDA (dibujos planos)

DETALLES (ampliación)

DETALLE

Costuras

Cada parte de las prendas es detallada por una costura y su código. Una costura puede ser una construcción, una terminación, o un detalle, dependiendo de su ubicación y su función principal.

Hablamos en mayor profundidad sobre este tema en nuestro libro anterior *101 Costuras*.

- **Construcciones:** aquellas costuras que unen dos capas de tela o más
- **Terminaciones:** costuras ubicadas en el borde de la tela
- **Detalles:** incluye costuras que dan volumen, embellecen el producto o superpone capas de telas

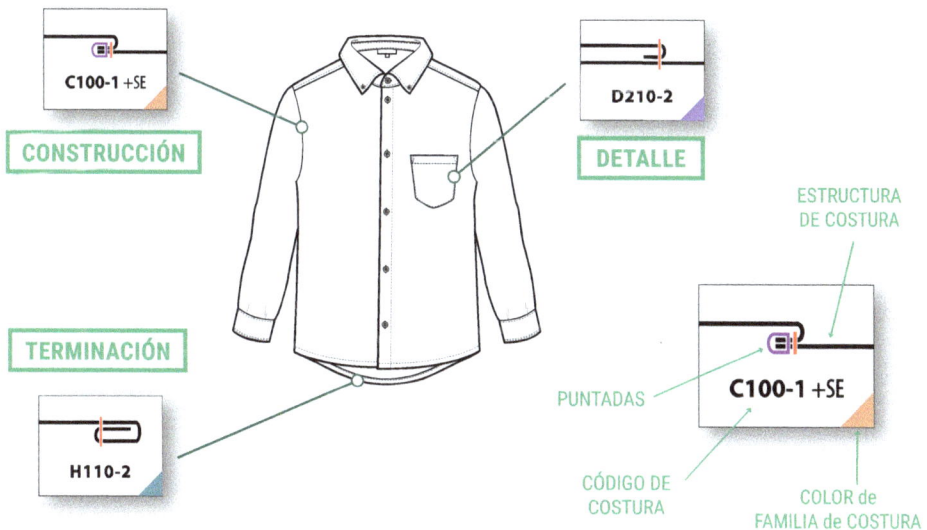

Opciones de Costuras

Existe más de una forma de coser una prenda.

Por esta razón, en algunas partes de la prenda verás opciones alternativas a la costura principal: estas opciones son variaciones de puntadas o de estructuras. En cualquier caso, las costuras sugeridas son alternativas similares a la costura principal seleccionada. Además, para ayudarte a decidir qué opción se adapta mejor a tu proyecto, verás iconos que hace referencia a la propiedad principal de la costura (*ver página 23*).

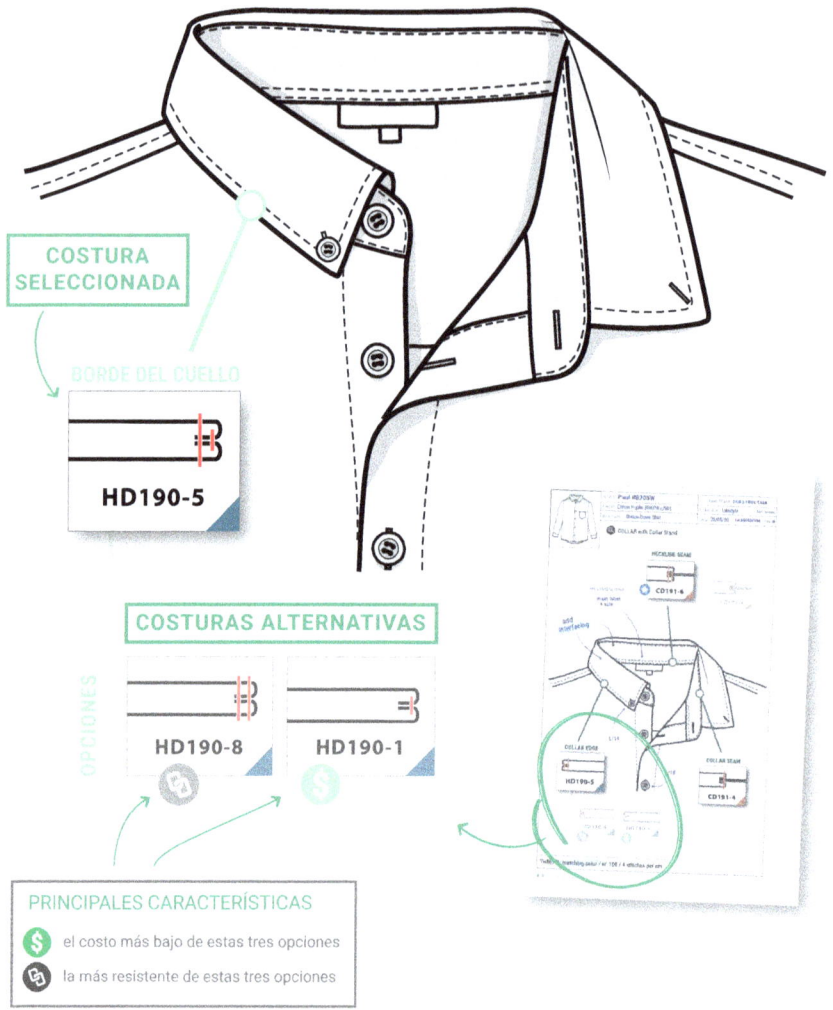

Notas Adicionales

Considera agregar notas adicionales que ayuden al fabricante a comprender totalmente tus ideas:

• *Materiales y colores*: si combinas colores y telas, o algunas partes de la prenda están forradas o necesitan entretela, indícalo.

• *Medidas:* cuando el ancho de la costura es estándar, no necesitas agregar una nota al respecto. Pero cuando la costura es más ancha o más estrecha, tienes que especificar el ancho que deseas.

• *Fornituras (o Avíos):* mencionar las fornituras también ayuda a evitar errores. En esta hoja, generalmente no agregas información tal como códigos de referencia (esa información estará en la ficha de desglose). Pero si debes apuntar información como por ejemplo el tamaño de los botones, el color y calidad del hilo de coser, o el ancho de una cinta elástica.

• *Notas breves:* como refuerzo del dibujo, puedes nombrar algunos detalles como pliegues, fruncidos, atacados, etc.

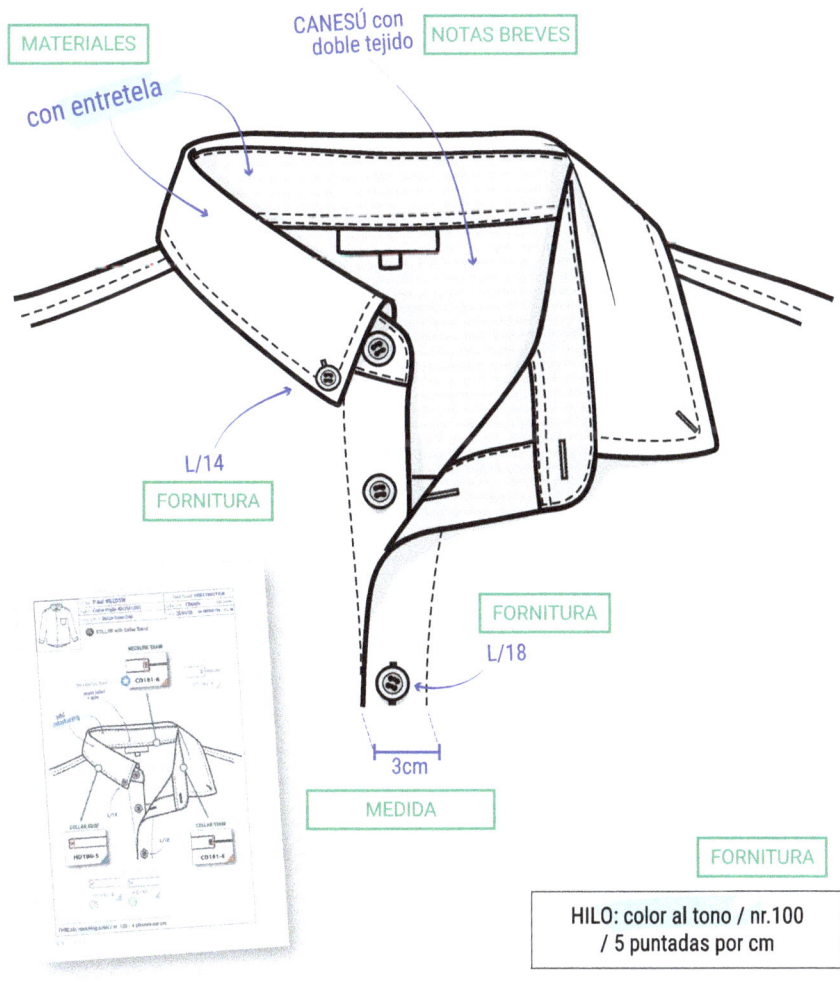

ICONOS

Propiedades de Costuras

- **K** punto/elástico
- **J** denim (o tejano)
- ⭐ la más usada
- la más resistente
- ● la más versátil
- la más durable
- la más gruesa
- la más flexible
- la más refinada
- **$** el menor costo
- **$$$** el mayor costo
- ♥ favorita
- detalle (ver ampliación)

ABREVIATURAS

Costuras

- **BS** Puntada Invisible
- **CS** Recubridora
- **FS** Recubridora Plana
- **OS** Remalladora
- **RS** Puntada Enrollada
- **SA** Margen de Costura
- **SE** Borde Remallado

General

- **CD** Centro Delantero
- **CE** Centro Espalda
- **EC** Escalado
- **EXT** Lado Externo
- **INT** Lado Interno
- **MP** Muestra de Producción
- **MST** Muestra de Venta
- **PD** Producción
- **PT** Prototipo

Segunda Parte

FICHAS DE CONSTRUCCIÓN

19-4007 TCX

13-4108 TCX

18-4436 TCX

EVERYDAY

CAMISETA SIN MANGAS

Jane #B201K

Tejido de punto (jersey)

Escote U

Sisa y escote envivados (embudo)

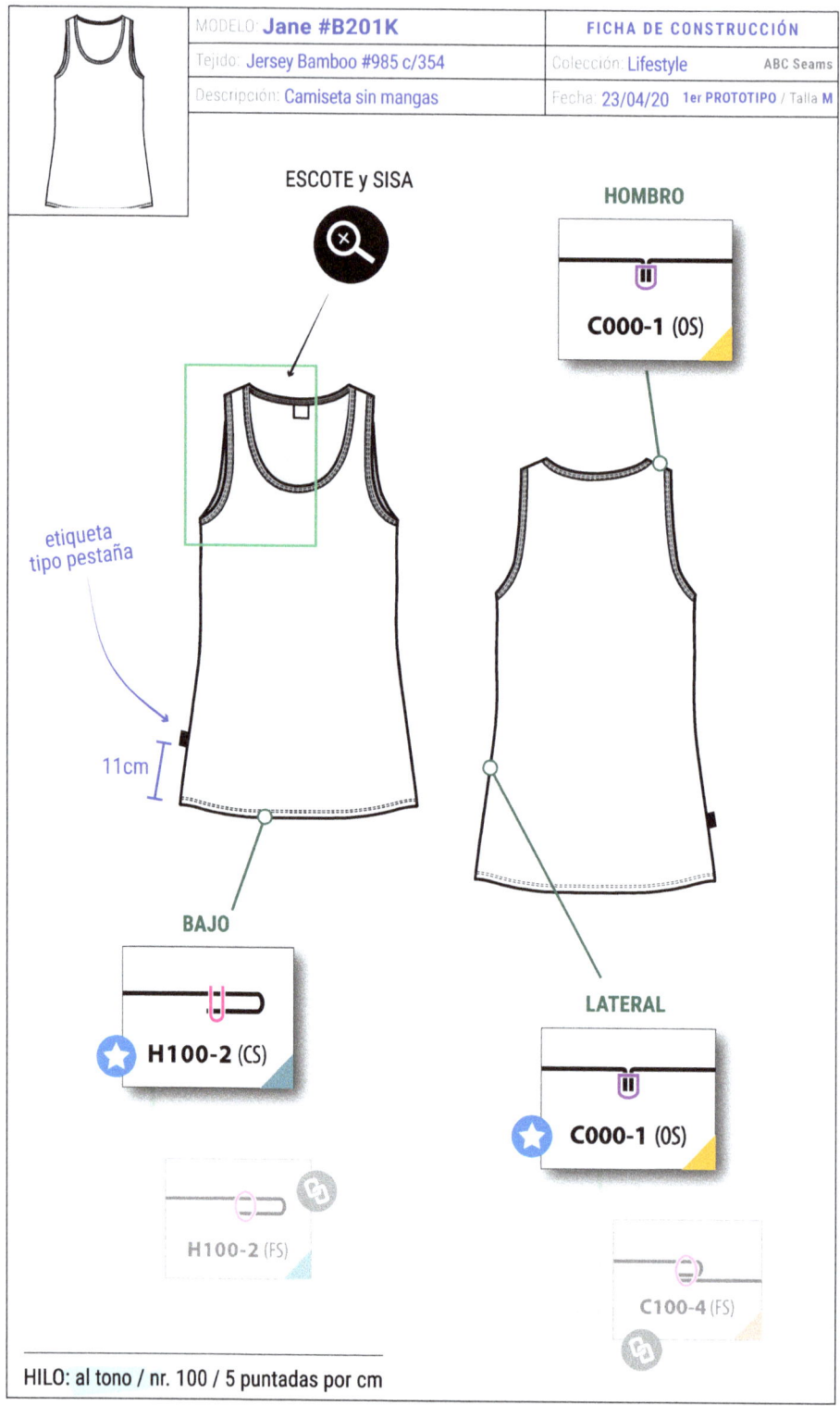

MODELO: **Jane #B201K**	**FICHA DE CONSTRUCCIÓN**	
Tejido: Jersey Bamboo #985 c/354	Colección: **Lifestyle**	ABC Seams
Descripción: **Camiseta sin mangas**	Fecha: **23/04/20**	**1er PROTOTIPO** / Talla **M**

ESCOTE y SISA

TOPS

(ideal para tejidos gruesos)
menor espesor

H201-9 (CS)   H200-1 (CHS)   H200-3 (FS)

H200-3 (CS)

tejido 2

CE

etiqueta de marca
Ver Ficha de Etiquetado

1cm

1cm

HILO: al tono / nr. 100 / 5 puntadas por cm

CAMISETA DE TIRANTES

Mary #B202K

Escote V

Cantos envivados a contraste

Cintura recta (sin entalle)

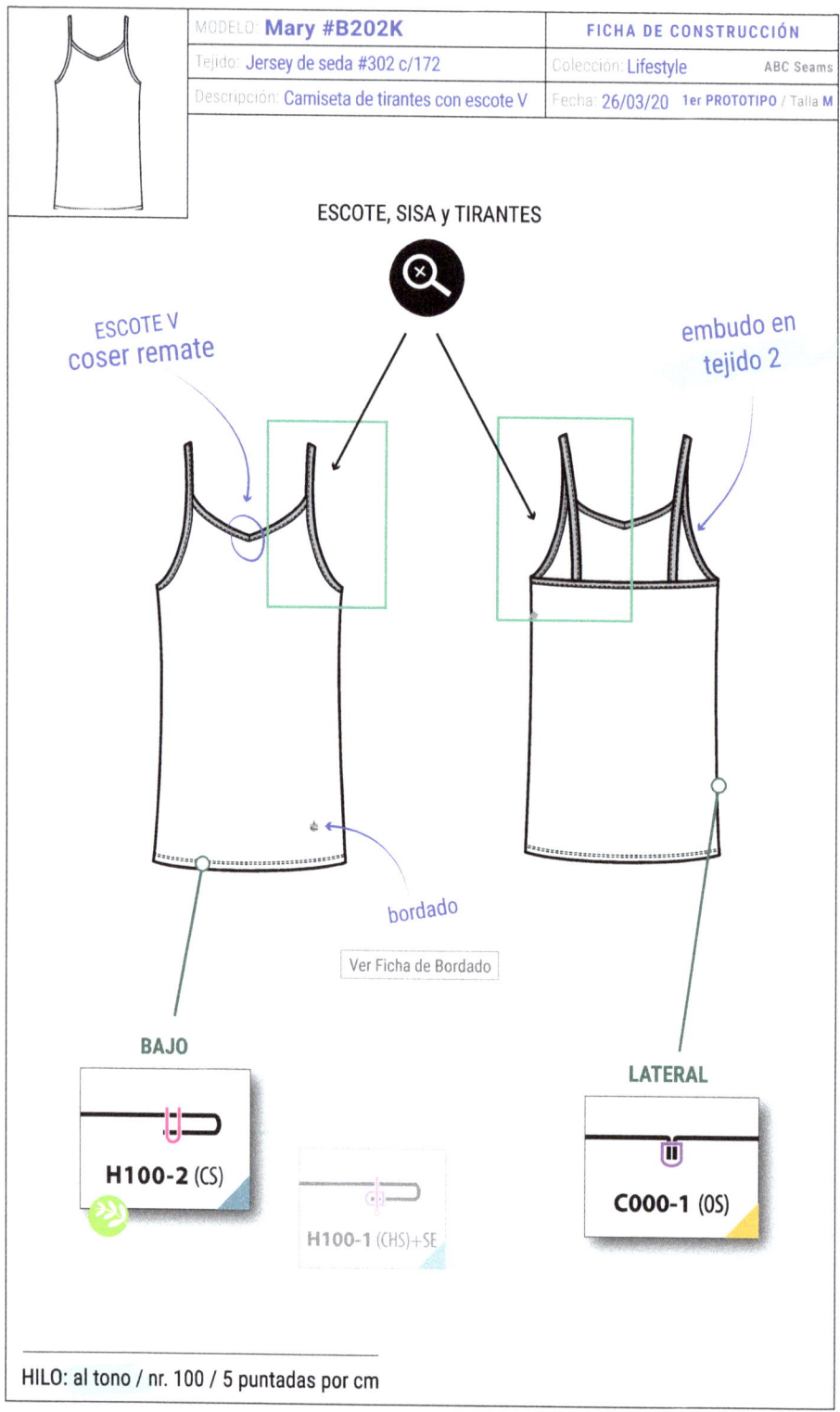

MODELO: **Mary #B202K**	FICHA DE CONSTRUCCIÓN	
Tejido: Jersey de seda #302 c/172	Colección: Lifestyle	ABC Seams
Descripción: Camiseta de tirantes con escote V	Fecha: 26/03/20 1er PROTOTIPO / Talla M	

TOPS

ESCOTE, SISA y TIRANTES

TIRANTE

T200-1 (CHS)

tejido 2

1cm

1cm

DELANTERO

ESPALDA

SISA y ESCOTE

H200-1 (CHS)

H300-1 (CHS)   H201-4 (CHS)

HILO: al tono / nr. 100 / 5 puntadas por cm

REBEL

19-4007 TCX
16-5422 TCX
17-4139 TCX

CAMISETA

Nick #B203K

Escote redondo pulido con vivo en espalda.

Manga corta

Estampado en espalda

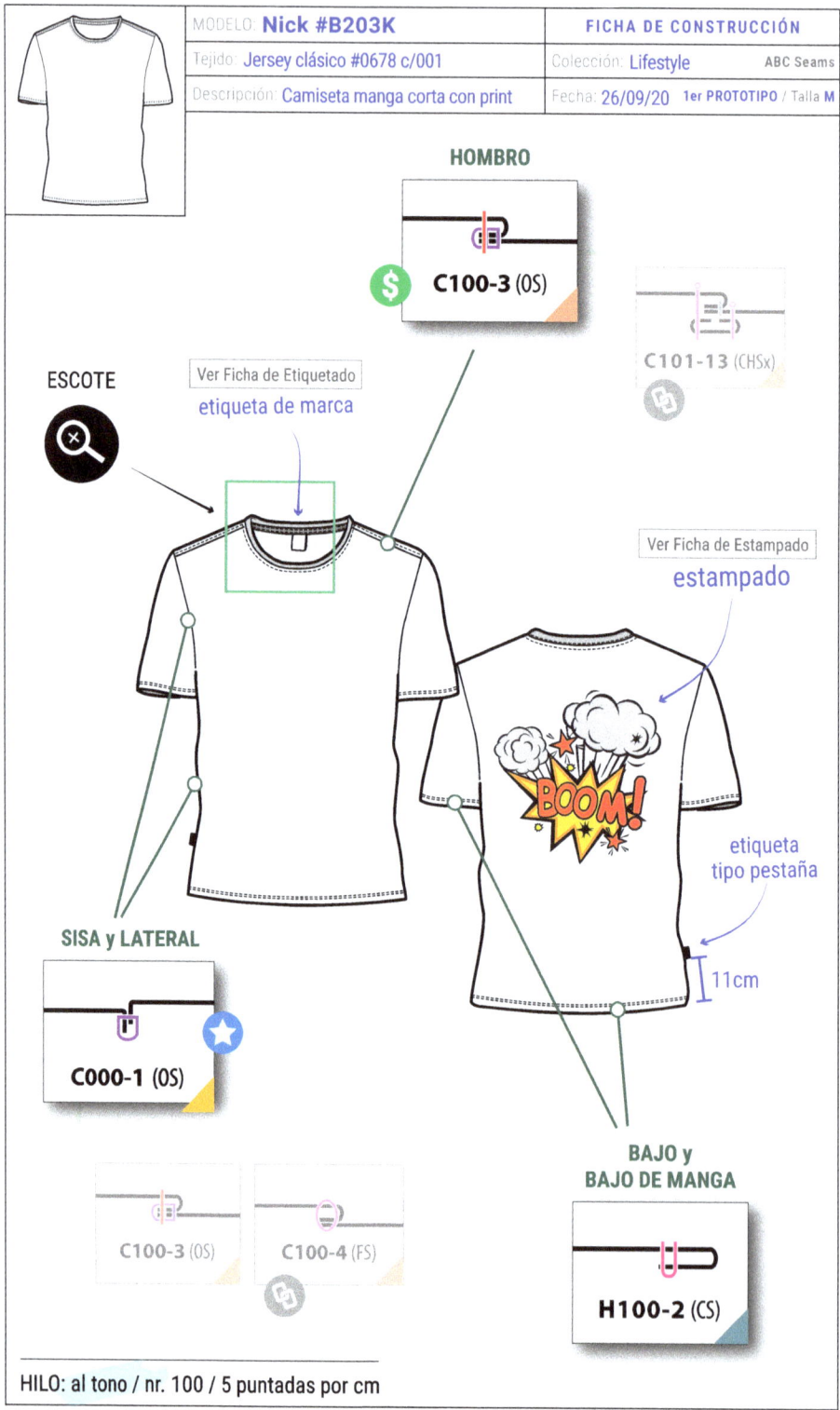

MODELO: **Nick #B203K**	FICHA DE CONSTRUCCIÓN	
Tejido: Jersey clásico #0678 c/001	Colección: Lifestyle	ABC Seams
Descripción: Camiseta manga corta con print	Fecha: 26/09/20	1er PROTOTIPO / Talla M

ESCOTE 🔍

DELANTERO

1.5cm

interior pulido

vivo tipo embudo

COSTURA DE HOMBRO

1cm

ESPALDA

tejido 2

H210-1 (OS)

ESCOTE (delantero)
H210-3 (OS)

ESCOTE (espalda)
H211-9

H210-1 (OS)   H212-5 (CHSx)   H211-13 (CHSx)

HILO: al tono / nr. 100 / 5 puntadas por cm

POLO

Richard #B204K

Cuello y puño de rib
Tapeta en delantero
Canesú espalda en media luna
Abertura en lateral del bajo

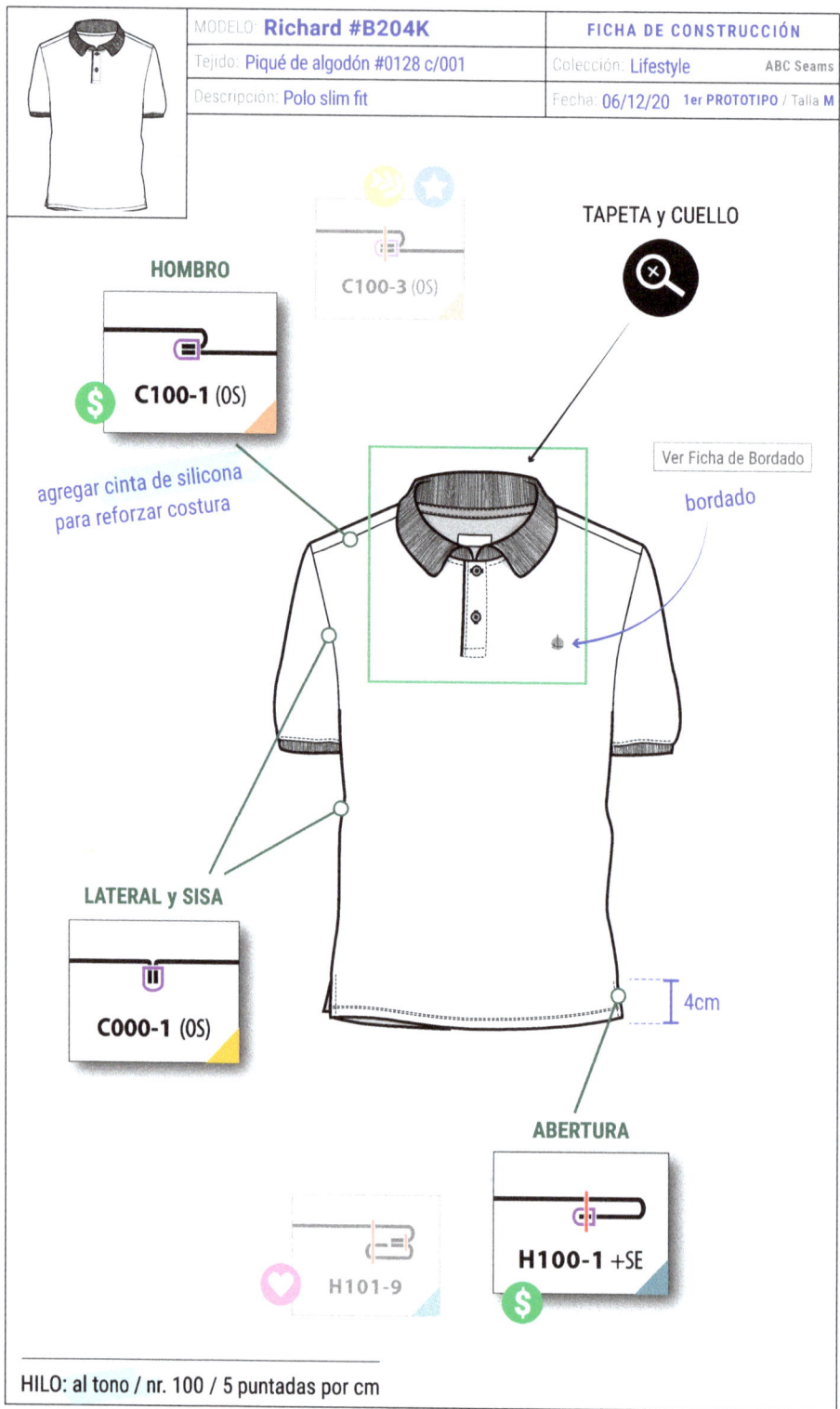

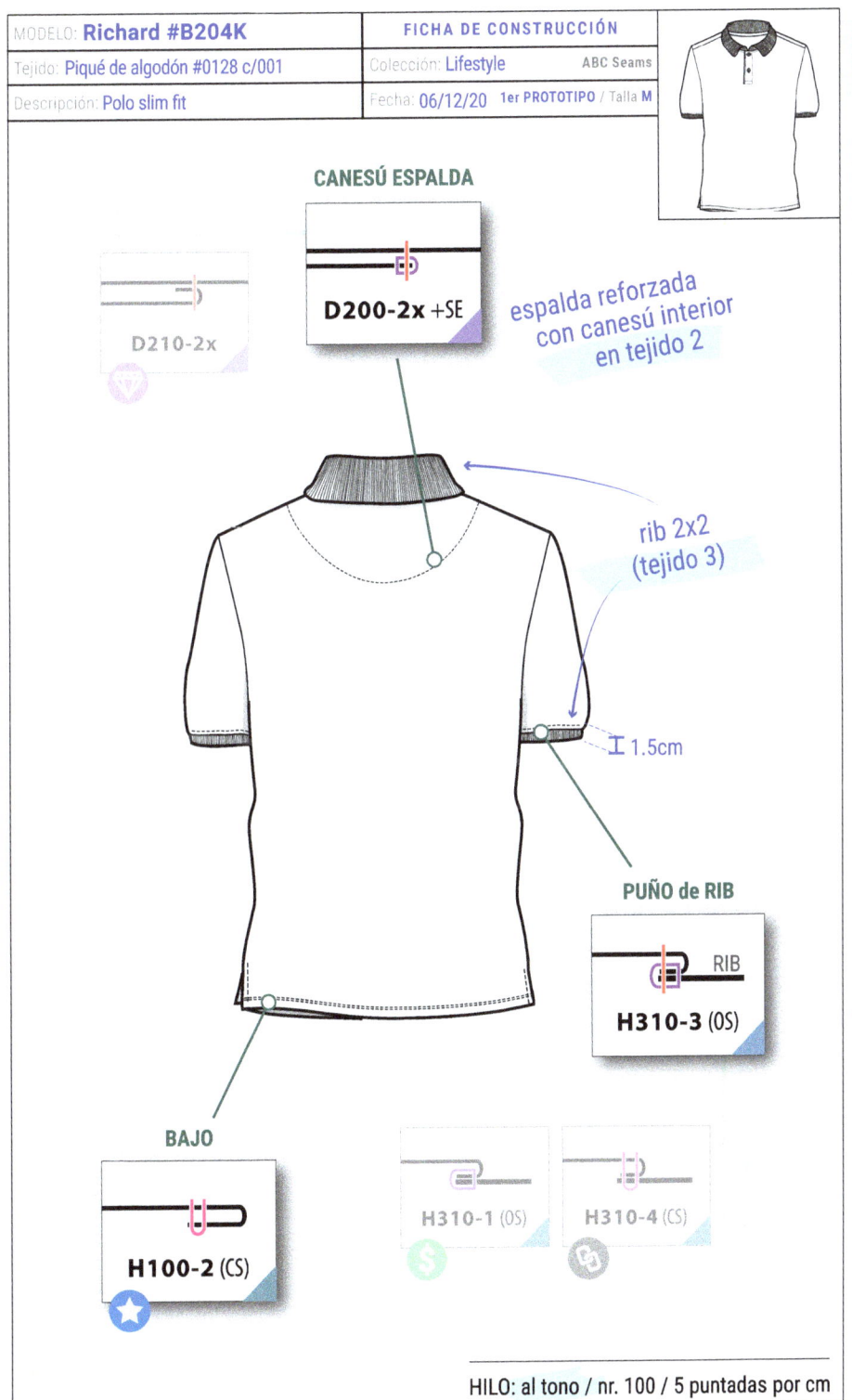

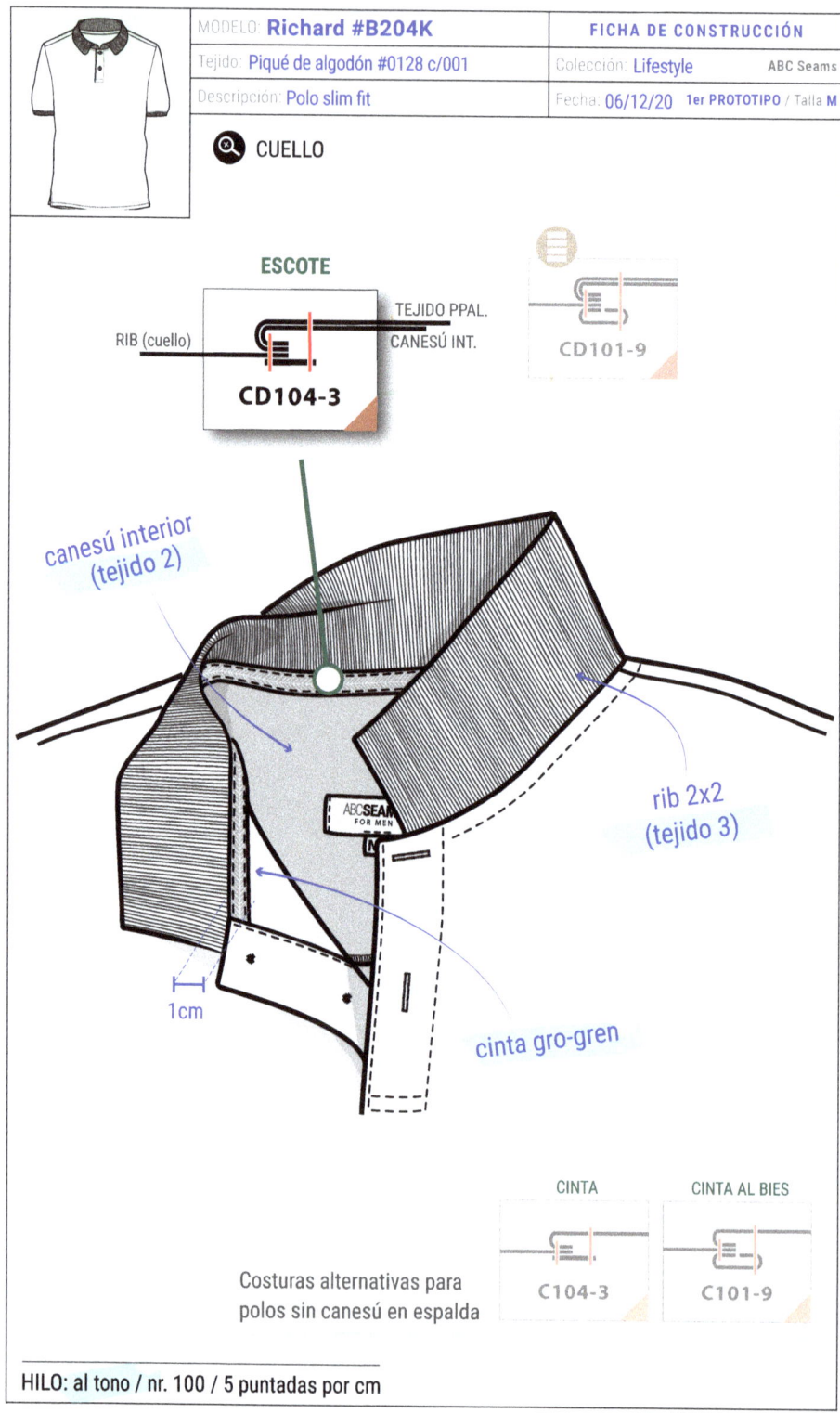

MODELO: **Richard #B204K**	FICHA DE CONSTRUCCIÓN	
Tejido: Piqué de algodón #0128 c/001	Colección: Lifestyle	ABC Seams
Descripción: Polo slim fit	Fecha: 06/12/20	1er PROTOTIPO / Talla M

TAPETA

etiqueta de marca + talla

L/18

3cm

con entretela
TAPETA INTERIOR

H500-2

doble pespunte

con entretela
TAPETA SUPERIOR

H150-34

H500-12

H150-31

H150-32

HILO: al tono / nr. 100 / 5 puntadas por cm

	11-0601 TCX
	13-4304 TCX
	12-0703 TCX

CLEAN

CAMISA OXFORD

Paul #B205W

Canesú espalda con fuelle
Bolsillo parche en pecho
Cuello abotonado
Abertura de puño con tapeta

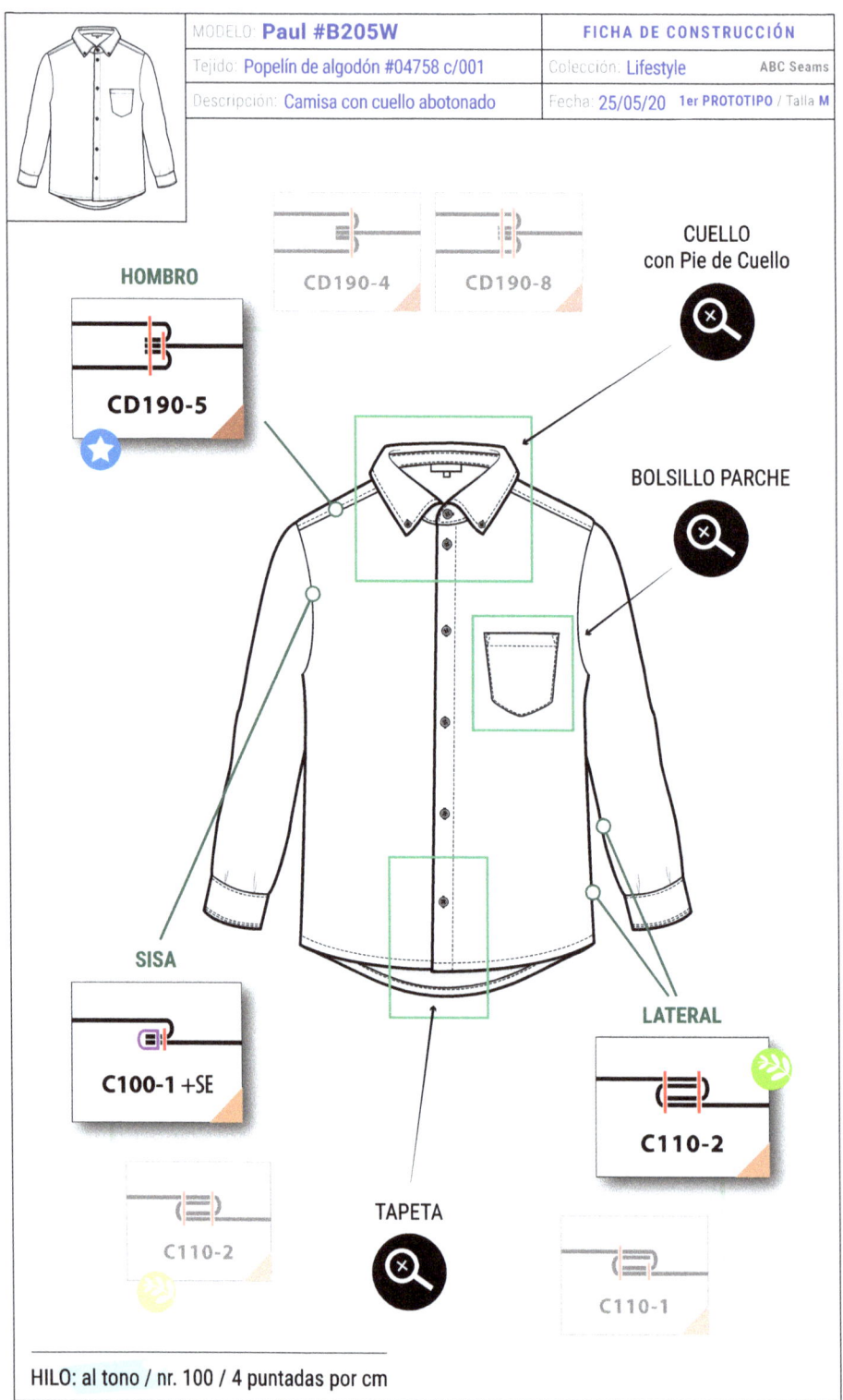

MODELO: **Paul #B205W**	**FICHA DE CONSTRUCCIÓN**	
Tejido: Popelín de algodón #04758 c/001	Colección: Lifestyle ABC Seams	
Descripción: Camisa con cuello abotonado	Fecha: 25/05/20 1er PROTOTIPO / Talla M	

TOPS

VESTIDO · PANTALONES · FALDAS · ABRIGOS · ROPA INTERIOR · BAÑADORES

CANESÚ 2 capas de tela

CD190-5

CD190-1

FUELLE

D112-0

4cm

PUÑO con TAPETA

BAJO

H110-2

H110-3   H101-9

HILO: al tono / nr. 100 / 4 puntadas por cm

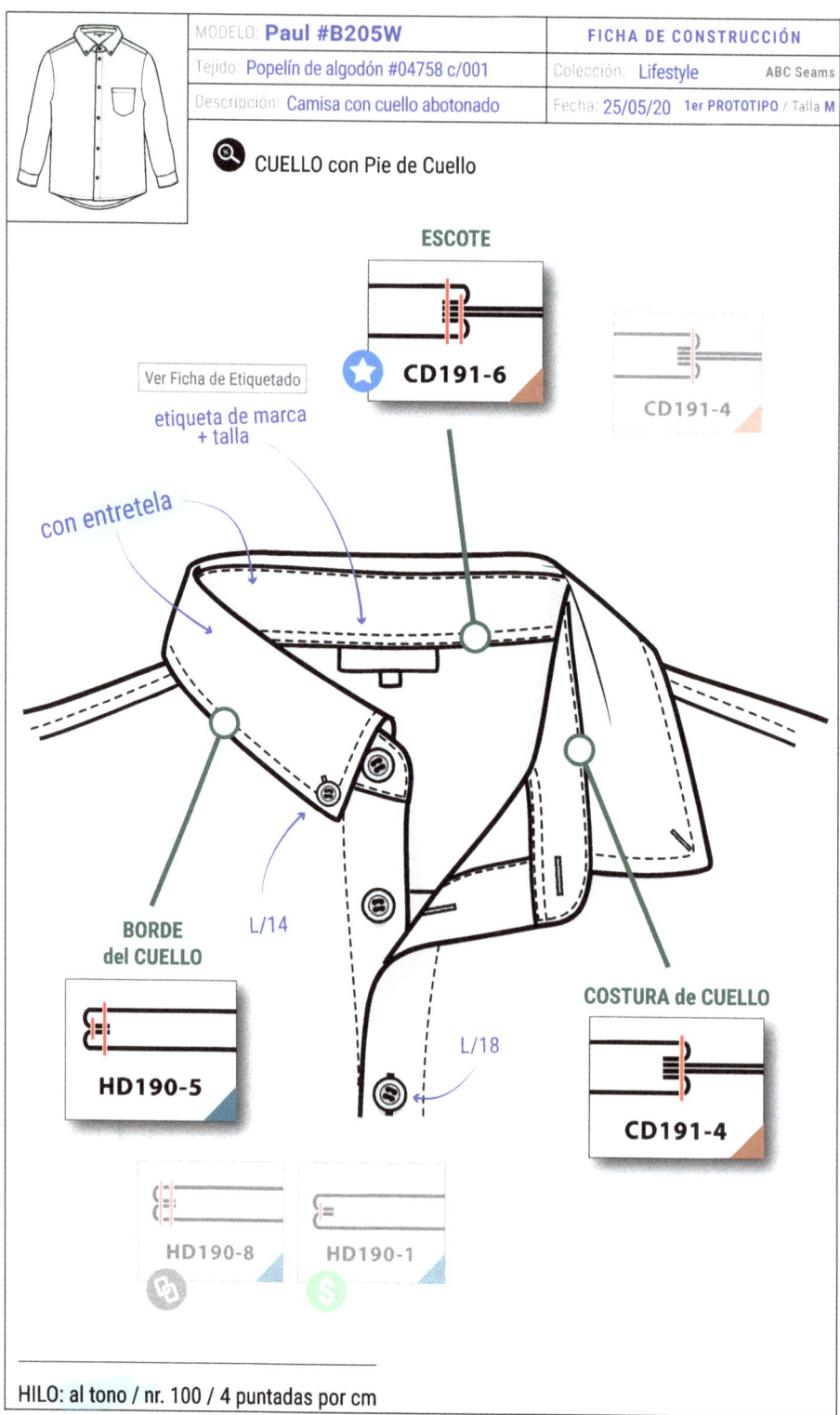

MODELO: **Paul #B205W**	**FICHA DE CONSTRUCCIÓN**	
Tejido: Popelín de algodón #04758 c/001	Colección: Lifestyle ABC Seams	
Descripción: Camisa con cuello abotonado	Fecha: 25/05/20 1er PROTOTIPO / Talla M	

TAPETA

H120-2 +SE

H130-4

H131-3

TAPETA SUPERIOR

H150-31

con entretela

3cm

L/18

H130-19

TAPETA INTERIOR

H130-3

con entretela

HILO: al tono / nr. 100 / 4 puntadas por cm

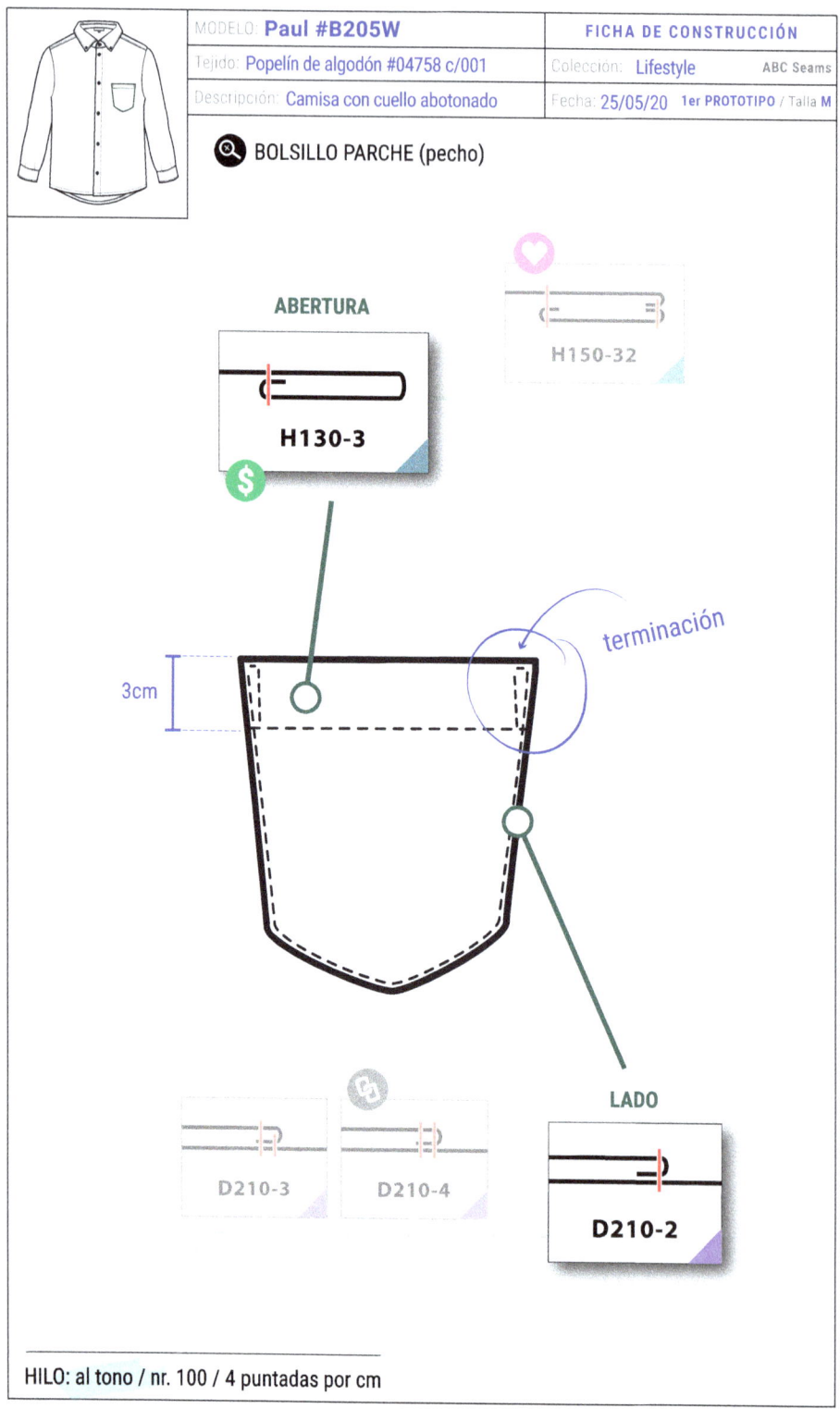

MODELO: **Paul #B205W**	FICHA DE CONSTRUCCIÓN	
Tejido: Popelín de algodón #04758 c/001	Colección: Lifestyle	ABC Seams
Descripción: Camisa con cuello abotonado	Fecha: 25/05/20	1er PROTOTIPO / Talla M

PUÑO con TAPETA

ABERTURA SUPERIOR (tapeta)
H500-2

2.5cm

ABERTURA INTERIOR
dobladillo estrecho
H110-12

L/14

pliegue x3

con entretela

BORDE del PUÑO
HD190-5

L/18

COSTURA de PUÑO
CD190-7

H160-4

CD190-3

HILO: al tono / nr. 100 / 4 puntadas por cm

19-1557 TCX	11-0601 TCX
17-5024 TCX	12-0713 TCX
18-4436 TCX	12-5209 TCX

CHECKED

CAMISA DE TRABAJO

John #B206WK

Cuello entero (una pieza)

Canesú espalda con tabla

Bolsillo parche con tabla y tapa

Abertura lateral

Manga corta

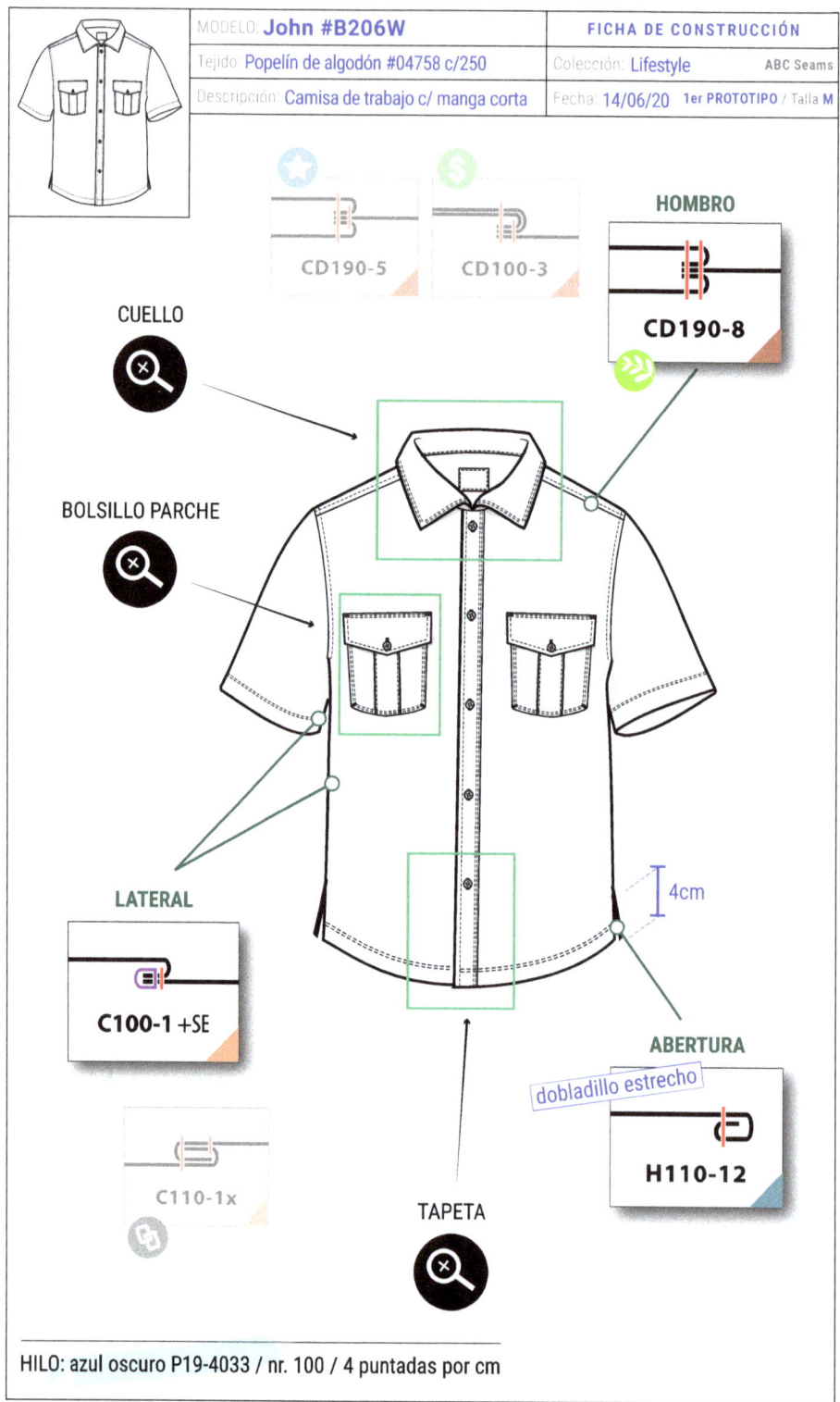

MODELO: **John #B206W**	**FICHA DE CONSTRUCCIÓN**	
Tejido: Popelín de algodón #04758 c/250	Colección: **Lifestyle**	ABC Seams
Descripción: Camisa de trabajo c/ manga corta	Fecha: 14/06/20 **1er PROTOTIPO** / Talla **M**	

TOPS · VESTIDO · PANTALONES · FALDAS · ABRIGOS · ROPA INTERIOR · BAÑADORES

Iguales opciones que en la costura del **Hombro**

CANESÚ ESPALDA
CD190-8

2 capas de tela

SISA
C110-1x

4cm

2cm

TABLA
D111-0

2cm

BAJOS
dobladillo ancho
H130-6

H130B-6   H150-61

HILO: azul oscuro P19-4033 / nr. 100 / 4 puntadas por cm

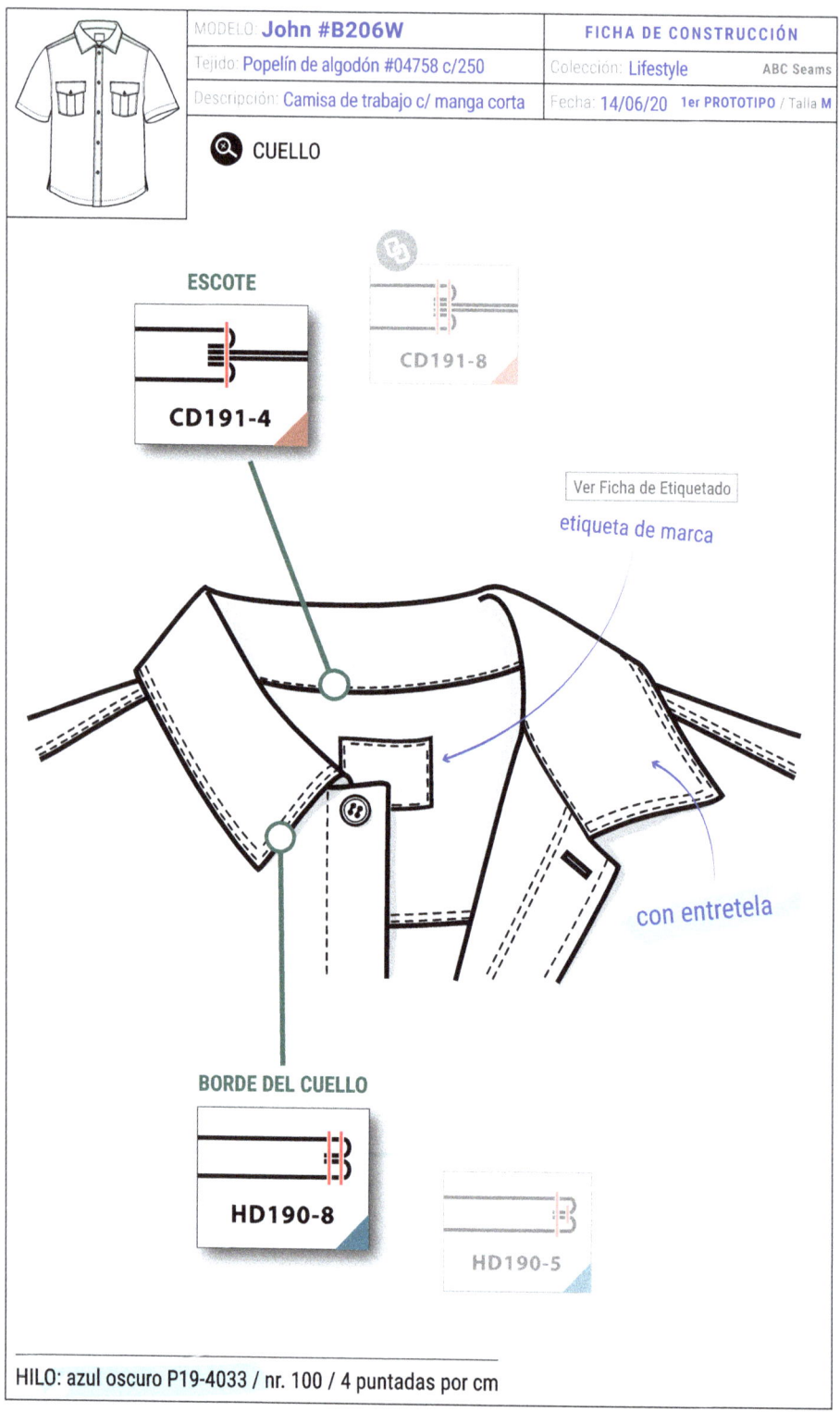

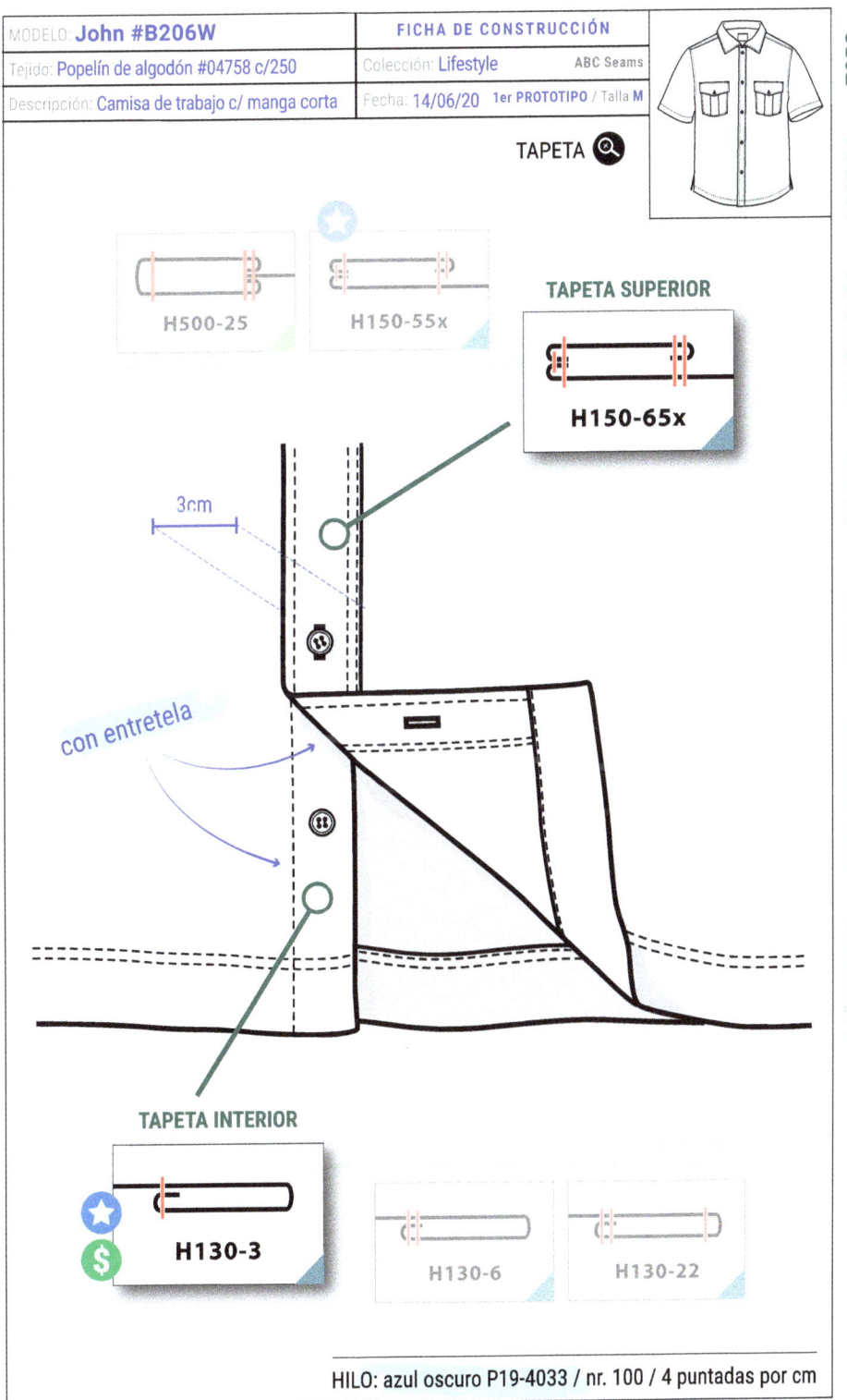

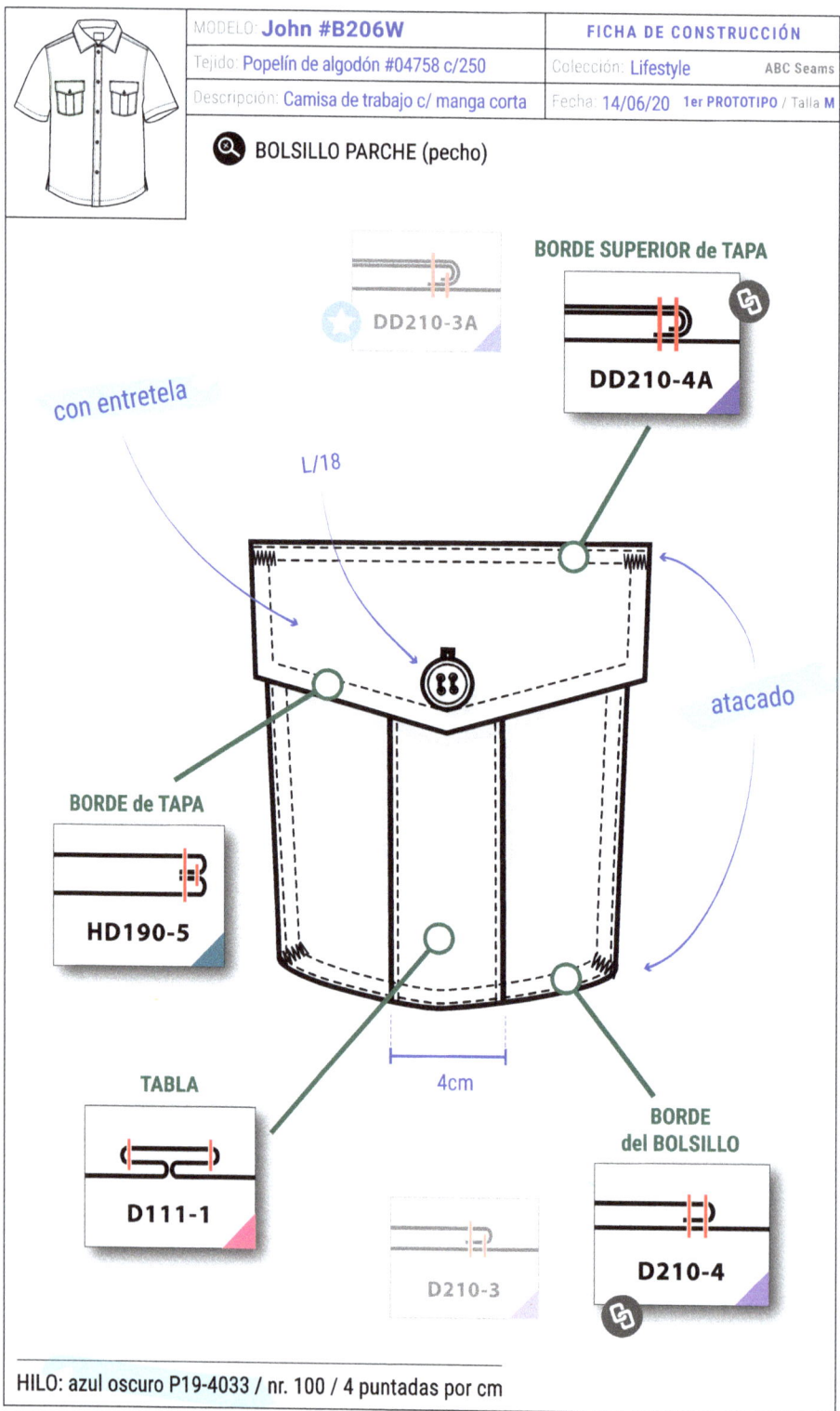

BOLSILLO PARCHE con TAPA

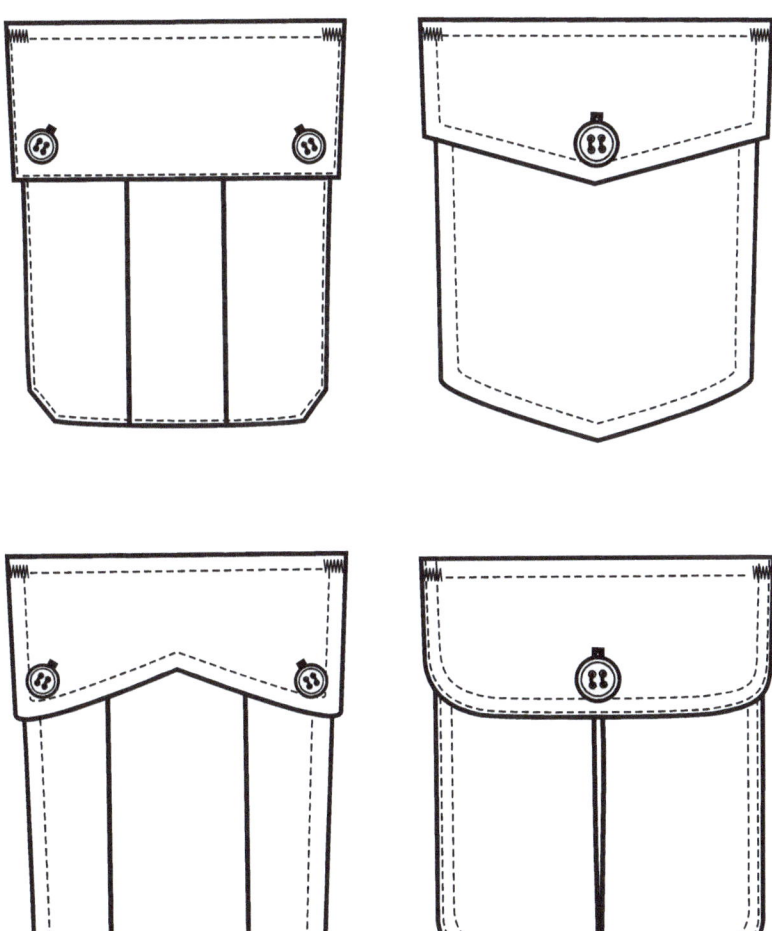

19-4007 TCX
13-1008 TCX
11-0601 TCX

DRESSY

Segunda Parte: Fichas de Construcción

BLUSA CLÁSICA

Susan #B207W

Cuello Mao

Manga con frunces

Canesú en delantero y espalda

Abertura de puño envivada

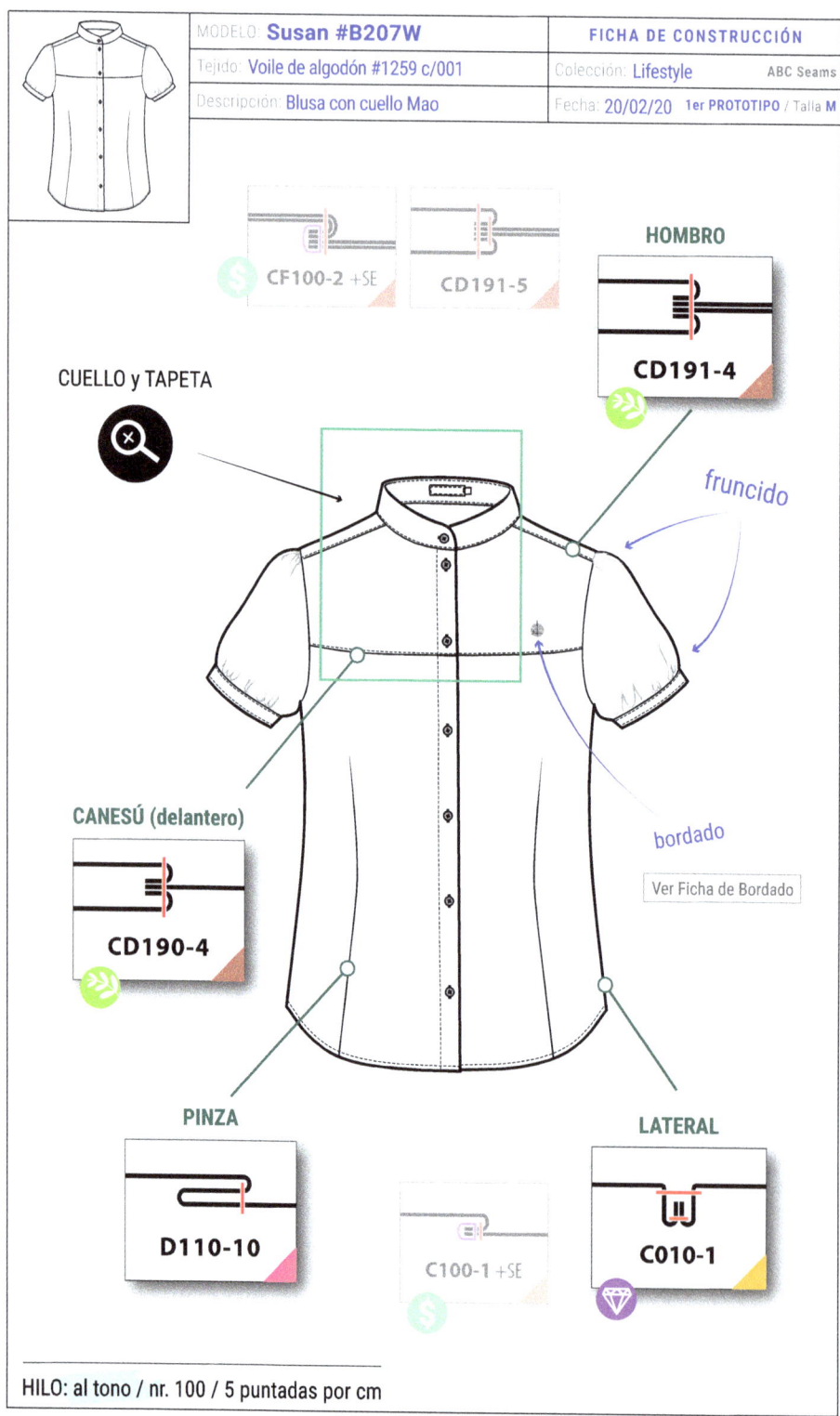

MODELO: **Susan #B207W**	**FICHA DE CONSTRUCCIÓN**	
Tejido: **Voile de algodón #1259 c/001**	Colección: **Lifestyle**	ABC Seams
Descripción: **Blusa con cuello Mao**	Fecha: **20/02/20** **1er PROTOTIPO** / Talla **M**	

CD190-5

CANESÚ (espalda)

CD190-4

fruncido

ABERTURA de PUÑO

0.5cm

SISA

C100-1 +SE

BAJO

dobladillo estrecho

H110-12

H101-9

PINZA

D110-10

HILO: al tono / nr. 100 / 5 puntadas por cm

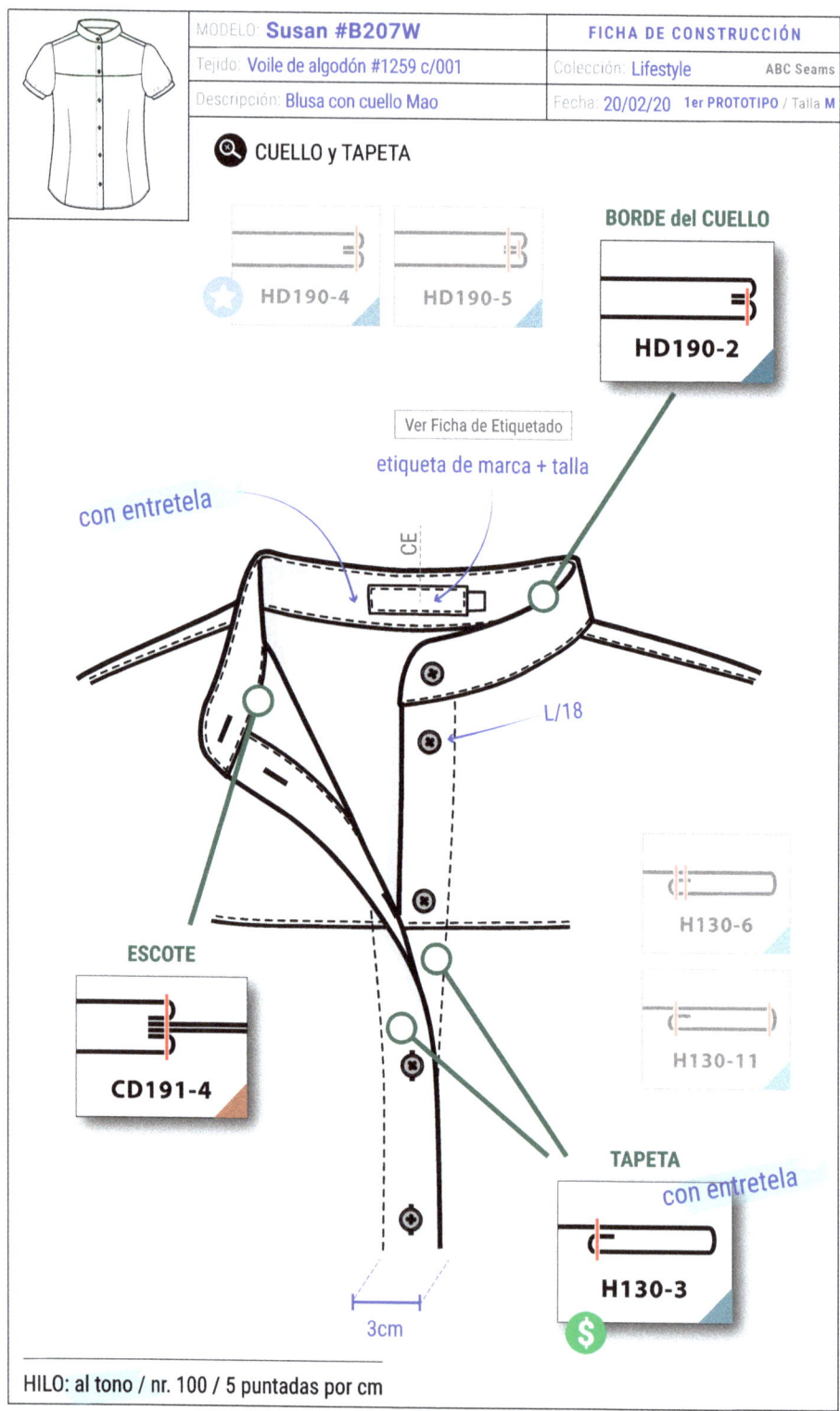

MODELO: **Susan #B207W**	FICHA DE CONSTRUCCIÓN	
Tejido: **Voile de algodón #1259 c/001**	Colección: **Lifestyle**	ABC Seams
Descripción: **Blusa con cuello Mao**	Fecha: **20/02/20** 1er **PROTOTIPO** / Talla **M**	

TOPS

ABERTURA de PUÑO

ABERTURA INTERIOR
H200-1

ABERTURA SUPERIOR
H103-1

H103-5

frunces todo alrededor

0.5cm

1.5cm

COSTURA de PUÑO
CD190-4

L/18

H160-0

BORDE del PUÑO
H160-1

HILO: al tono / nr. 100 / 5 puntadas por cm

VESTIDO ENTALLADO

Caroline #B208W

Silueta al cuerpo

Escote V

Sin mangas

Forrado y con vistas

Abertura en bajo espalda

MODELO: **Caroline #B208W**	**FICHA DE CONSTRUCCIÓN**	
Tejido: **Plush de algodón #01284 c/999**	Colección: **Lifestyle**	ABC Seams
Descripción: **Vestido forrado corte princesa**	Fecha: **16/03/20** **1er PROTOTIPO** / Talla **M**	

VESTIDO

COSTURA PRINCESA y CE

C200-1 +SE

C200-1

C100-1 +SE

C100-1

BAJO y ABERTURA

HILO: al tono / nr. 100 / 5 puntadas por cm

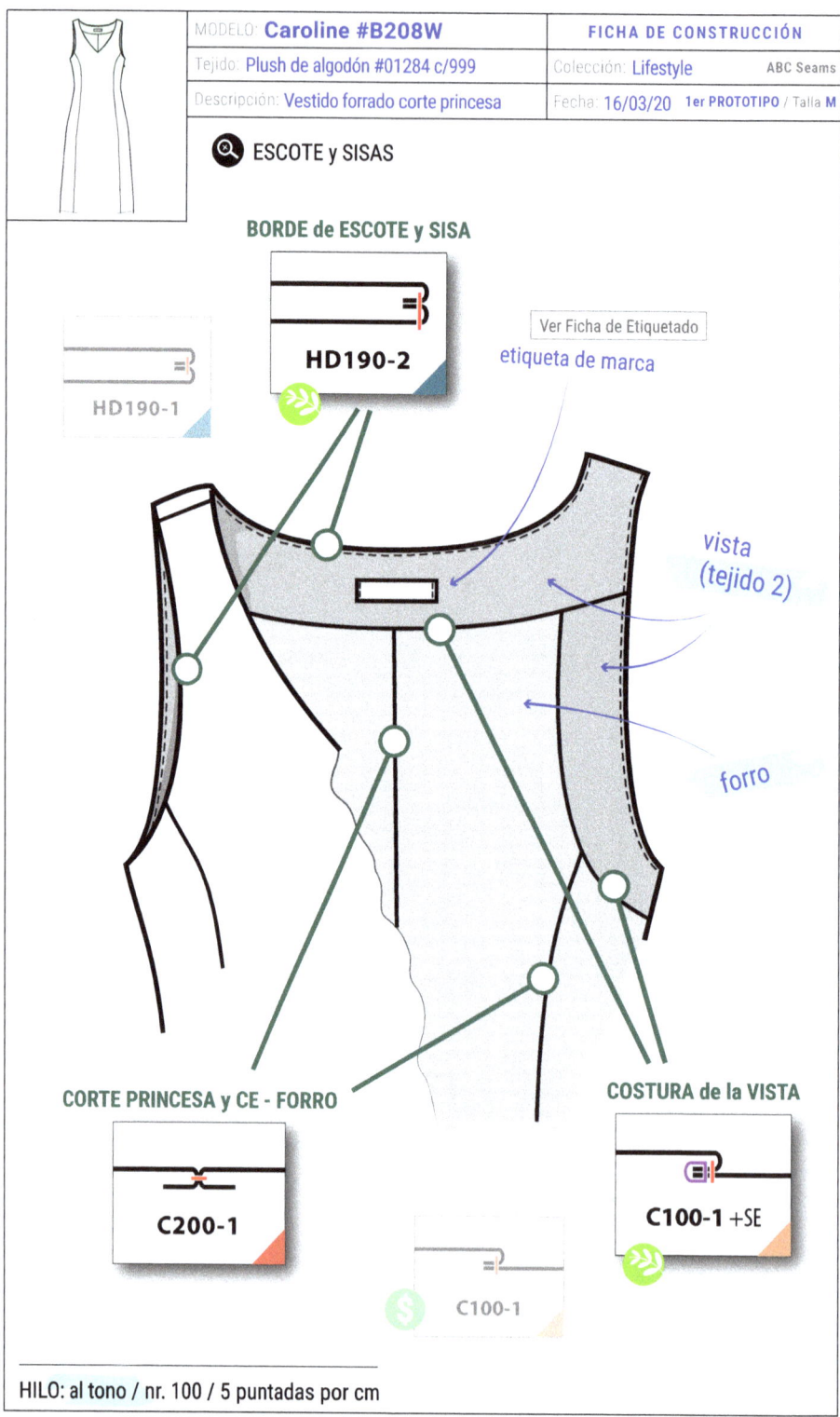

MODELO: **Caroline #B208W**	**FICHA DE CONSTRUCCIÓN**	
Tejido: **Plush de algodón #01284 c/999**	Colección: **Lifestyle**	ABC Seams
Descripción: **Vestido forrado corte princesa**	Fecha: **16/03/20** **1er PROTOTIPO** / Talla **M**	

BAJO y ABERTURA

BORDE SUPERIOR
HD190-16XL

BAJO
H120-2L +SE

2cm

forro

2cm

BAJO - FORO
H110-2

HD190-2

BORDE INTERIOR
HD190-4

VESTIDO

HILO: al tono / nr. 100 / 5 puntadas por cm

BLUE ACCENTS

18-4436 TCX
16-3929 TCX
14-4310 TCX

JEANS

David #B209J

Corte recto
5 bolsillos
Braqueta con cremallera
Doble pespunte

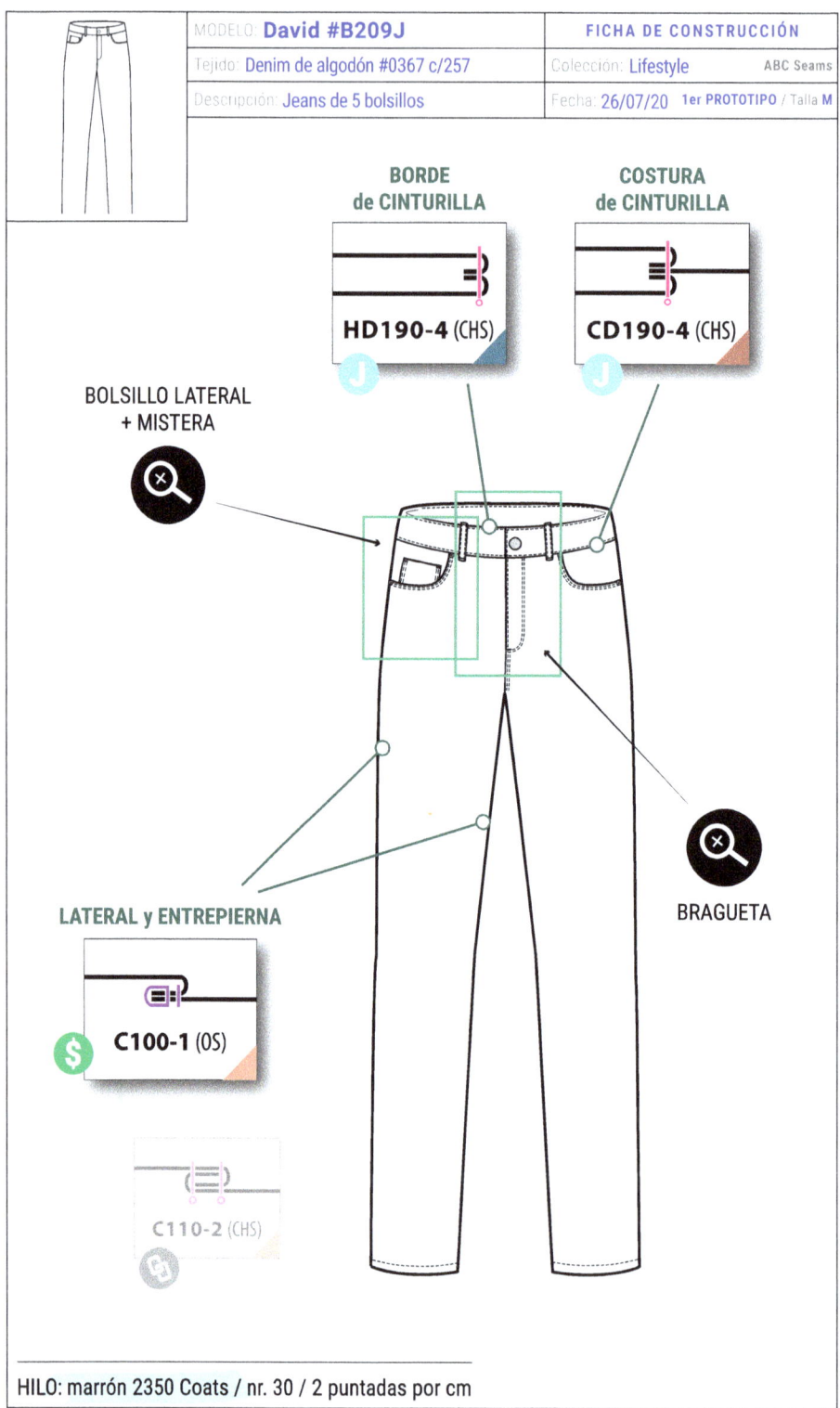

MODELO: **David #B209J**	FICHA DE CONSTRUCCIÓN	
Tejido: Denim de algodón #0367 c/257	Colección: Lifestyle	ABC Seams
Descripción: Jeans de 5 bolsillos	Fecha: 26/07/20	**1er PROTOTIPO** / Talla **M**

BOLSILLO PARCHE

pasador x5

etiqueta espalda

Ver Ficha de Etiquetado

4cm

CANESÚ y TIRO

C110-2 (CHS)

dobladillo ancho

H130-3

H110T-2

+ cinta

BAJO

H110-2

HILO: marrón 2350 Coats / nr. 30 / 2 puntadas por cm

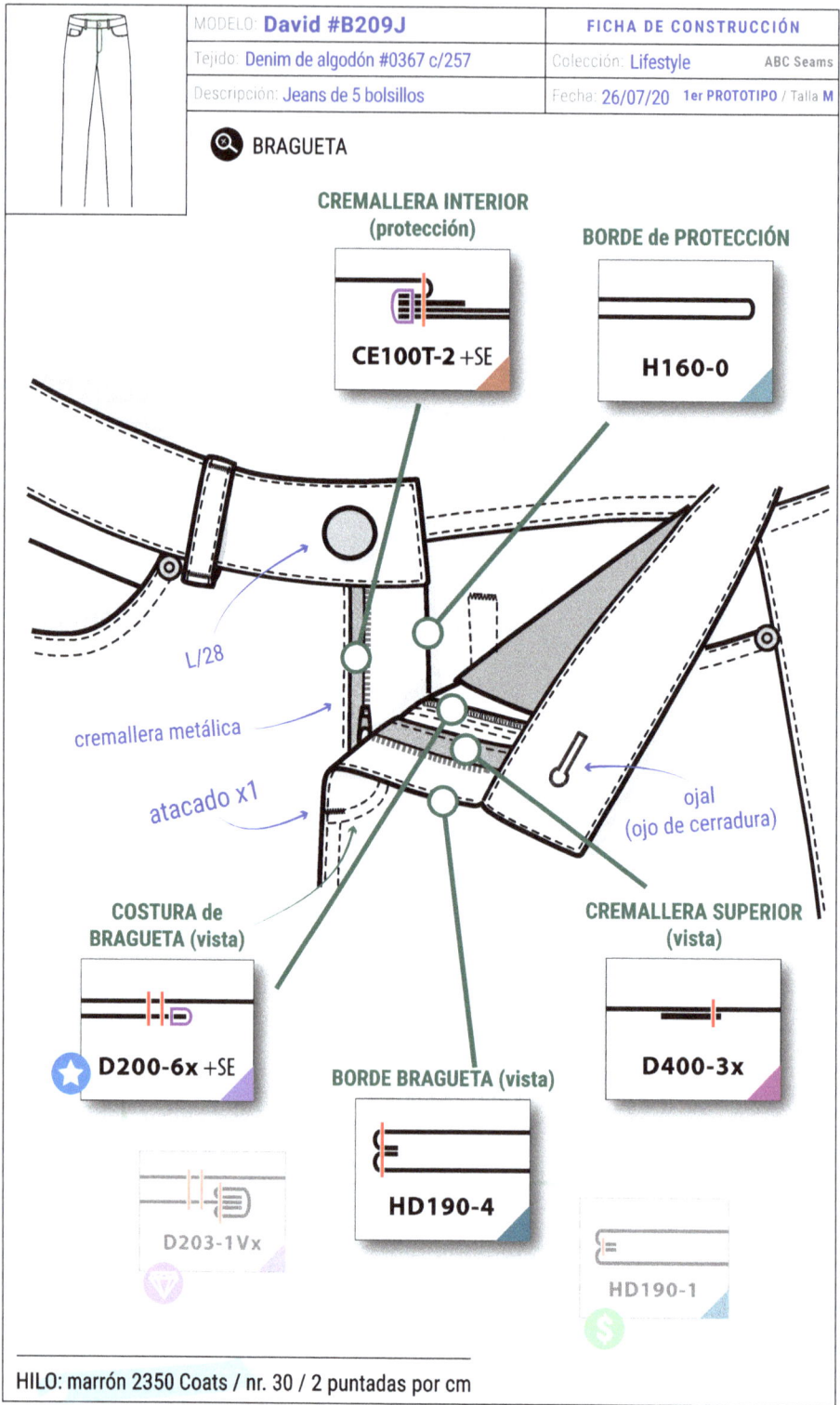

MODELO: **David #B209J**	FICHA DE CONSTRUCCIÓN	
Tejido: **Denim de algodón #0367 c/257**	Colección: **Lifestyle**	ABC Seams
Descripción: **Jeans de 5 bolsillos**	Fecha: **26/07/20** 1er **PROTOTIPO** / Talla **M**	

BOLSILLO PARCHE (espalda)

ABERTURA

H120-1 +SE

H150-34

H120-2 +SE

2.5cm

atacado

LADO

D210-4

D210-2

HILO: marrón 2350 Coats / nr. 30 / 2 puntadas por cm

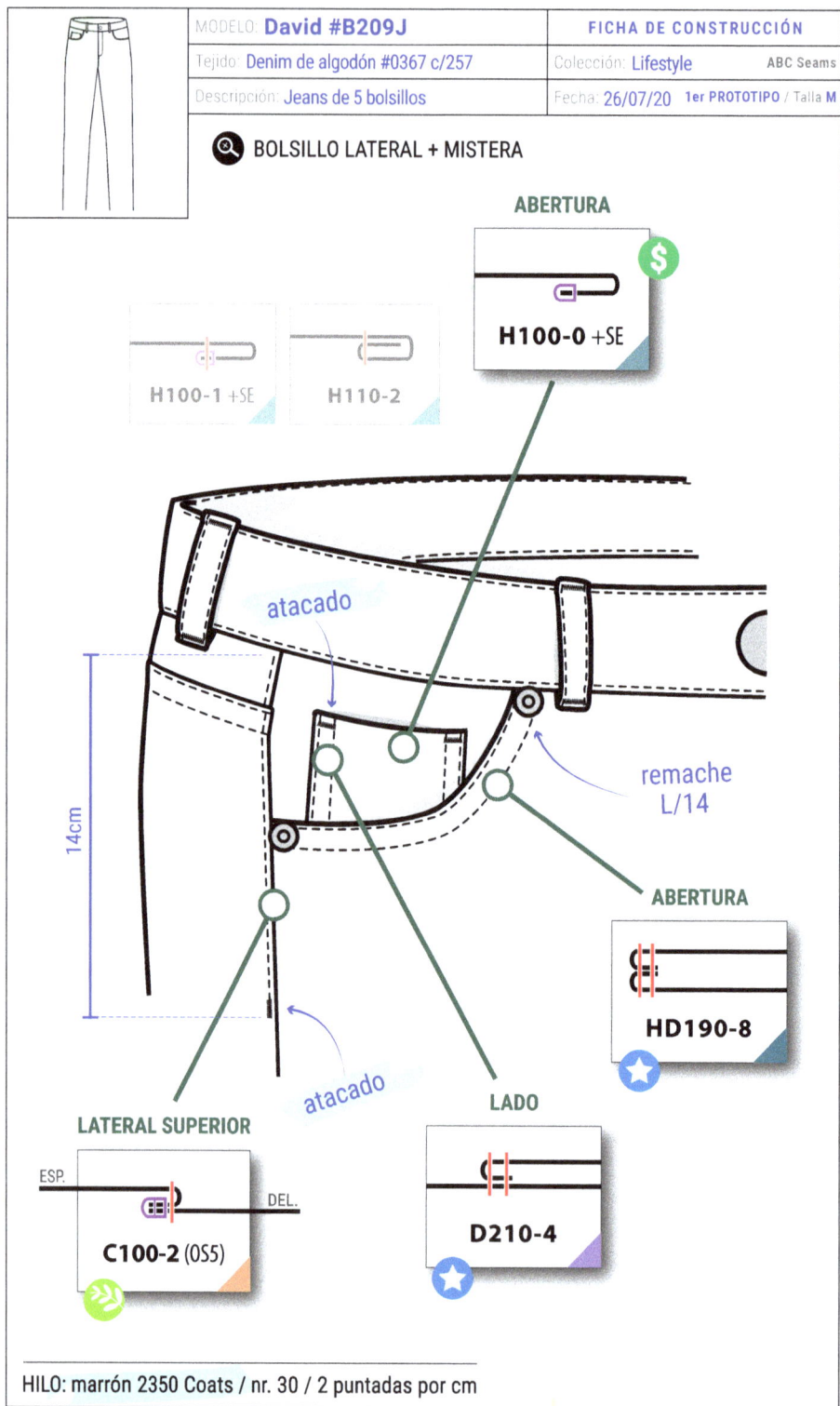

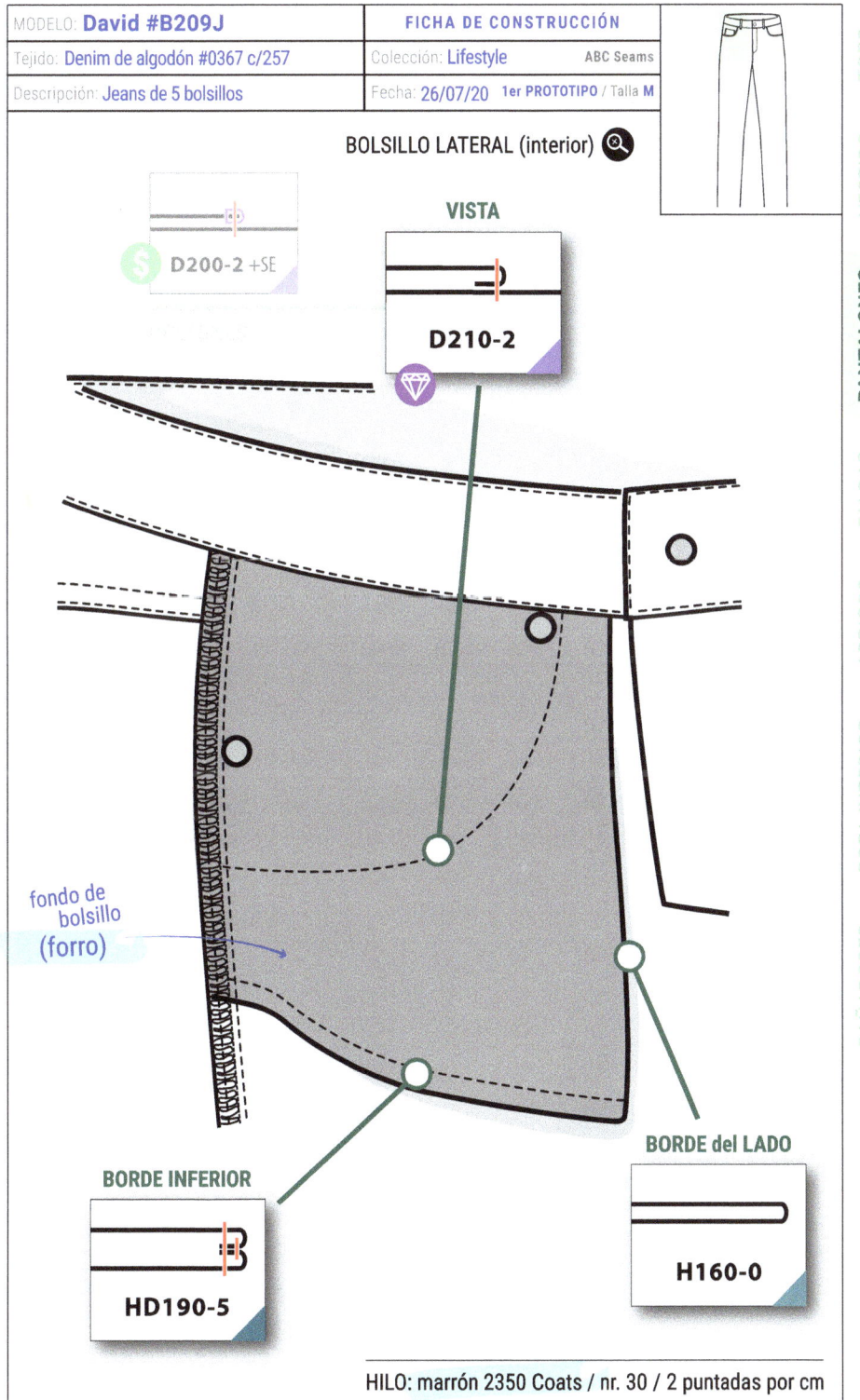

PANTALÓN CHINO

Angela #B210W

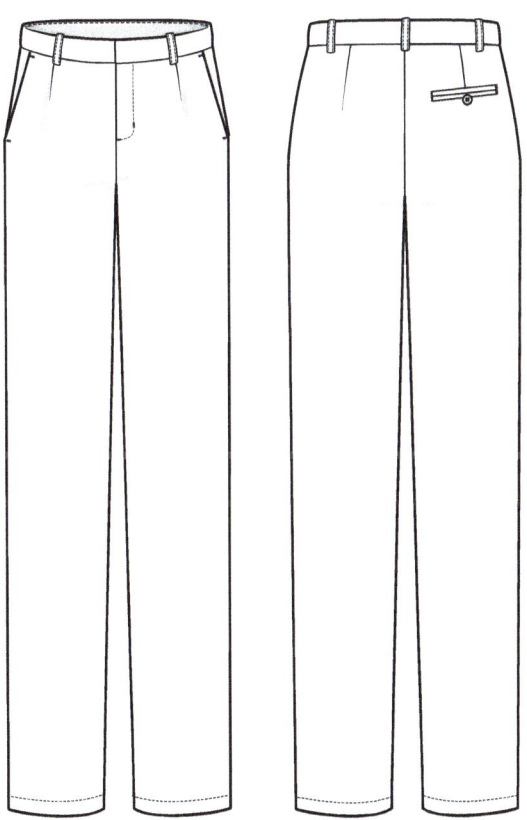

Look limpio (sin pespuntes visibles)

Bolsillo inclinado y bolsillo ojal

Cinturilla con extensión

Costuras interiores envivadas

Pliegues en delantero

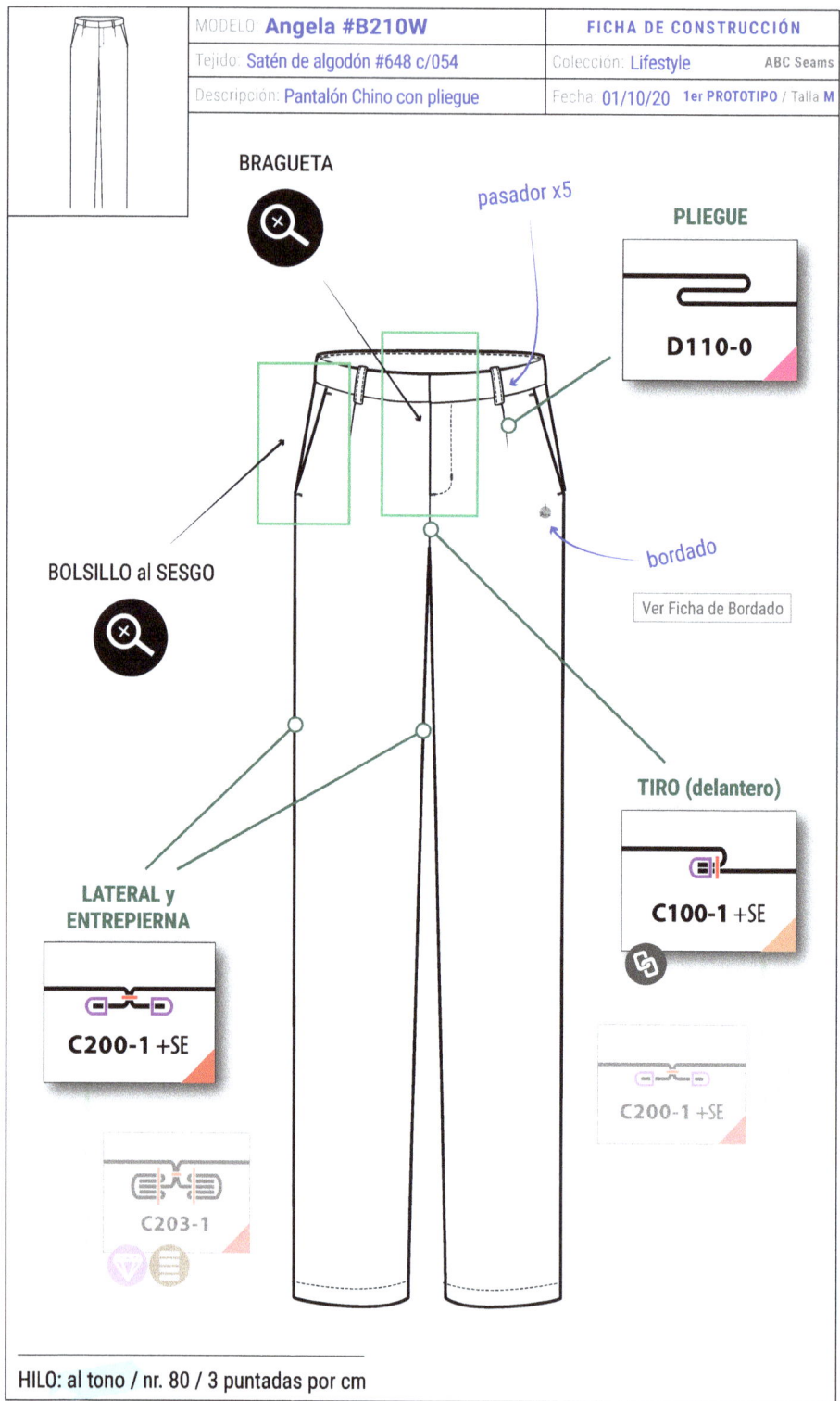

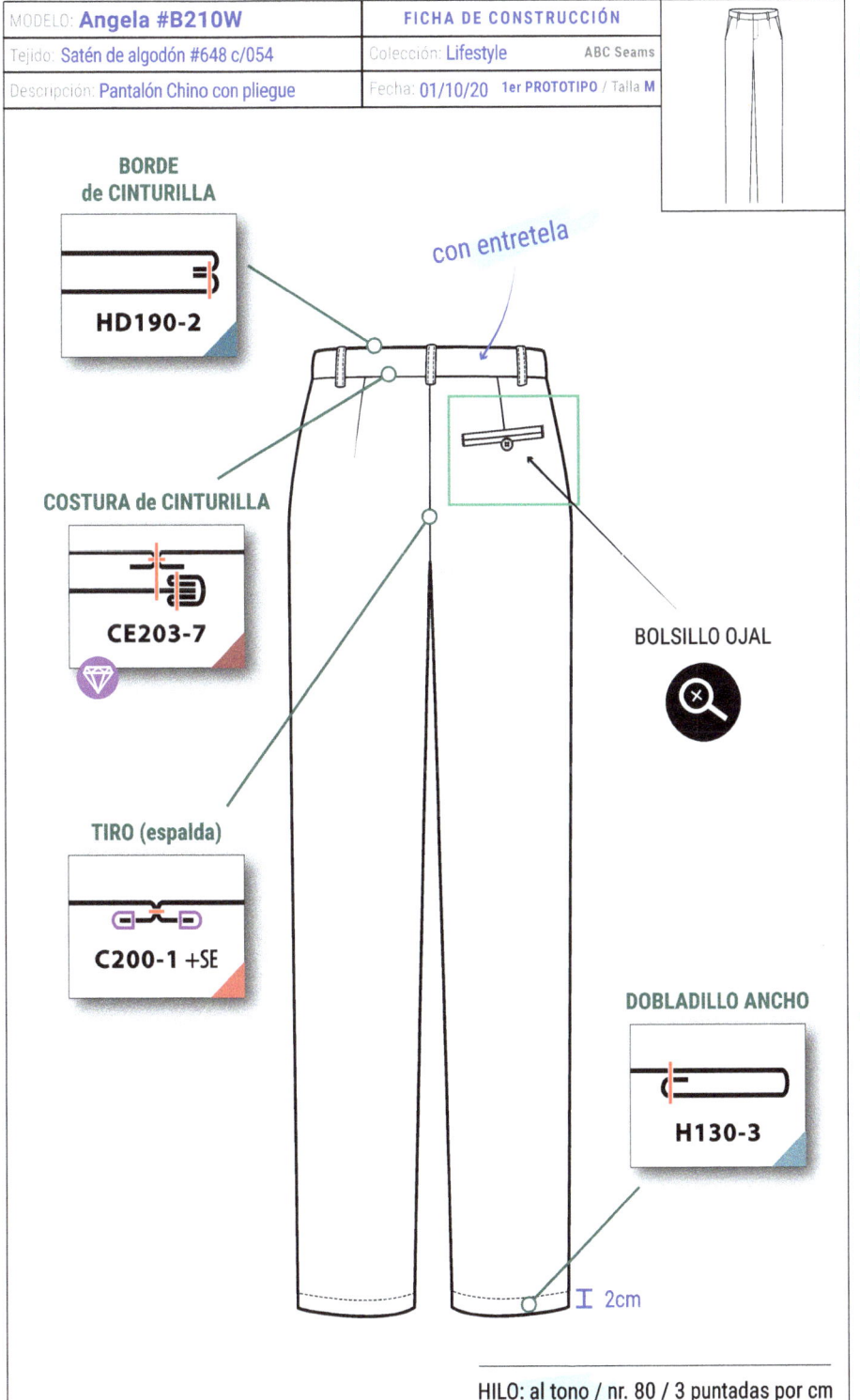

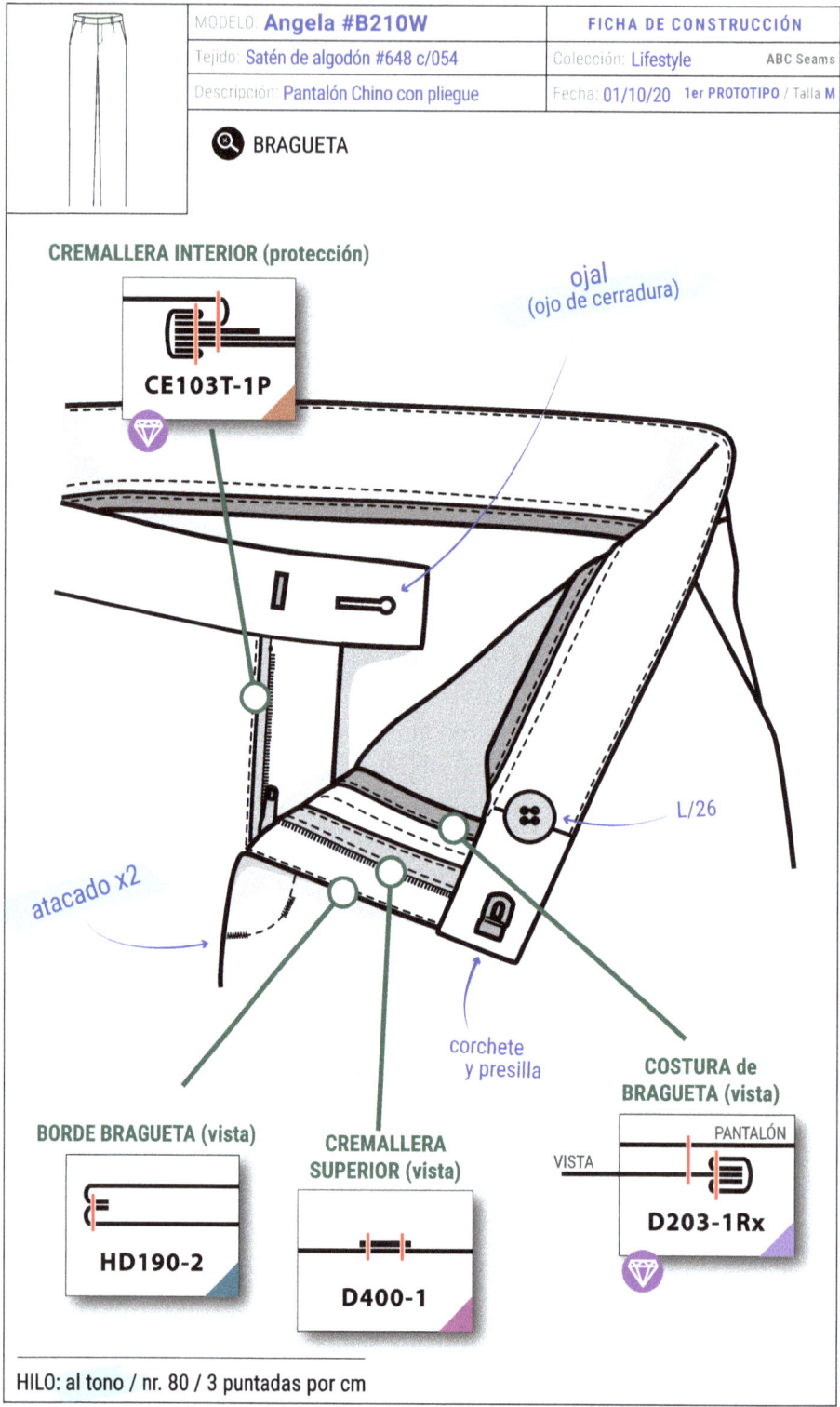

MODELO: **Angela #B210W**	FICHA DE CONSTRUCCIÓN	
Tejido: **Satén de algodón #648 c/054**	Colección: **Lifestyle**	ABC Seams
Descripción: **Pantalón Chino con pliegue**	Fecha: **01/10/20** **1er PROTOTIPO** / Talla **M**	

BRAGUETA (interior)

BORDE de PROTECCIÓN

H160-0

extensión de cinturilla

FONDO de BOLSILLO

FONDO de BOLSILLO

BORDE del BAJO PROTECCIÓN

HD190-1

HD000-3 +SE

HILO: al tono / nr. 80 / 3 puntadas por cm

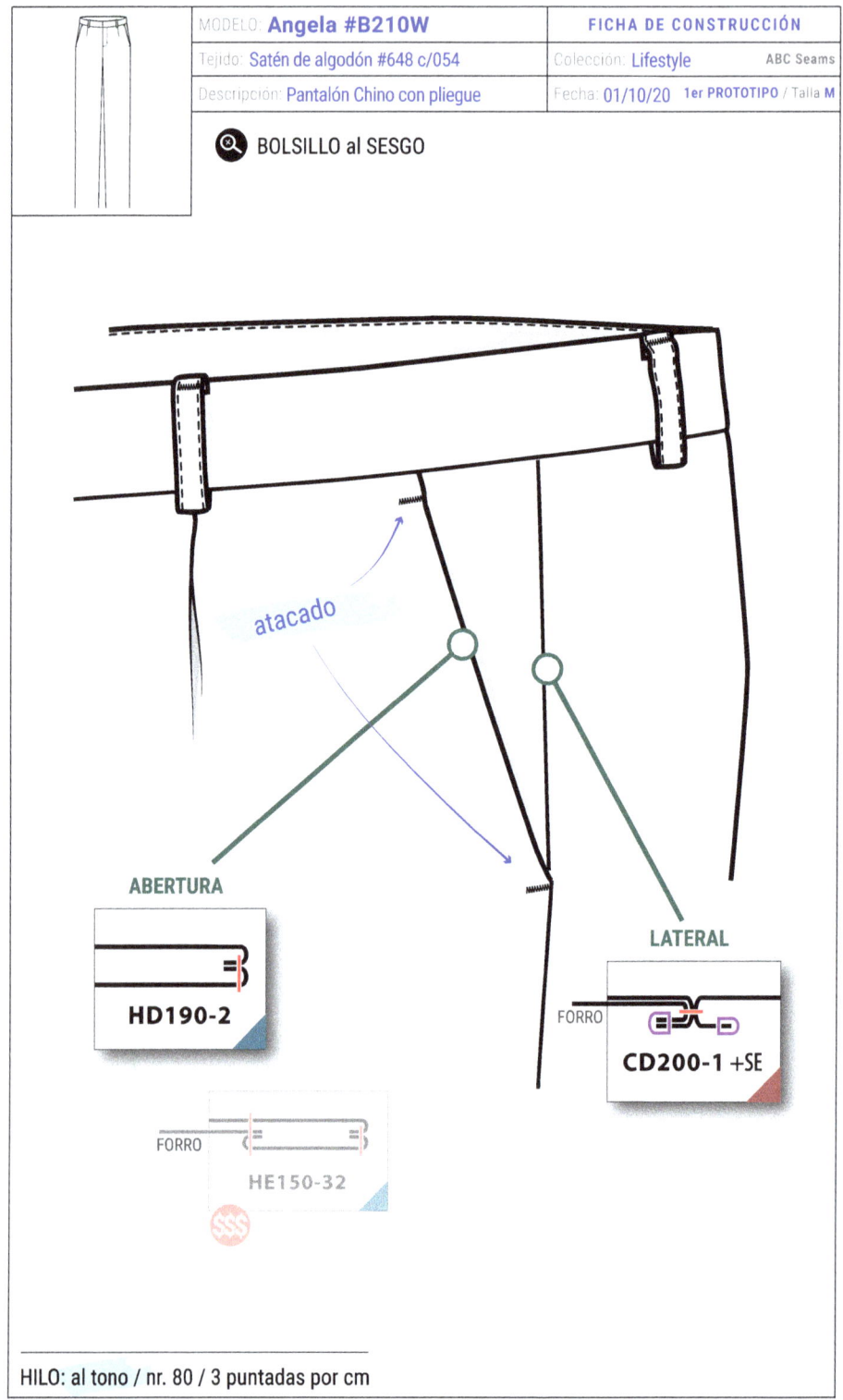

MODELO: **Angela #B210W**	FICHA DE CONSTRUCCIÓN	
Tejido: **Satén de algodón #648 c/054**	Colección: **Lifestyle**	ABC Seams
Descripción: **Pantalón Chino con pliegue**	Fecha: **01/10/20** **1er PROTOTIPO** / Talla **M**	

BOLSILLO al SESGO (interior)

LATERAL INTERIOR

DD000-1

D210-2x

NOTA: en comparación con DD000-1, esta costura reduce el grosor de la Costura de Brageta

COSTURA de BRAGUETA

forro
(fondo de bolsillo)

VISTA

D210-2

BORDE

HD200-1

HILO: **al tono** / nr. **80** / **3 puntadas por cm**

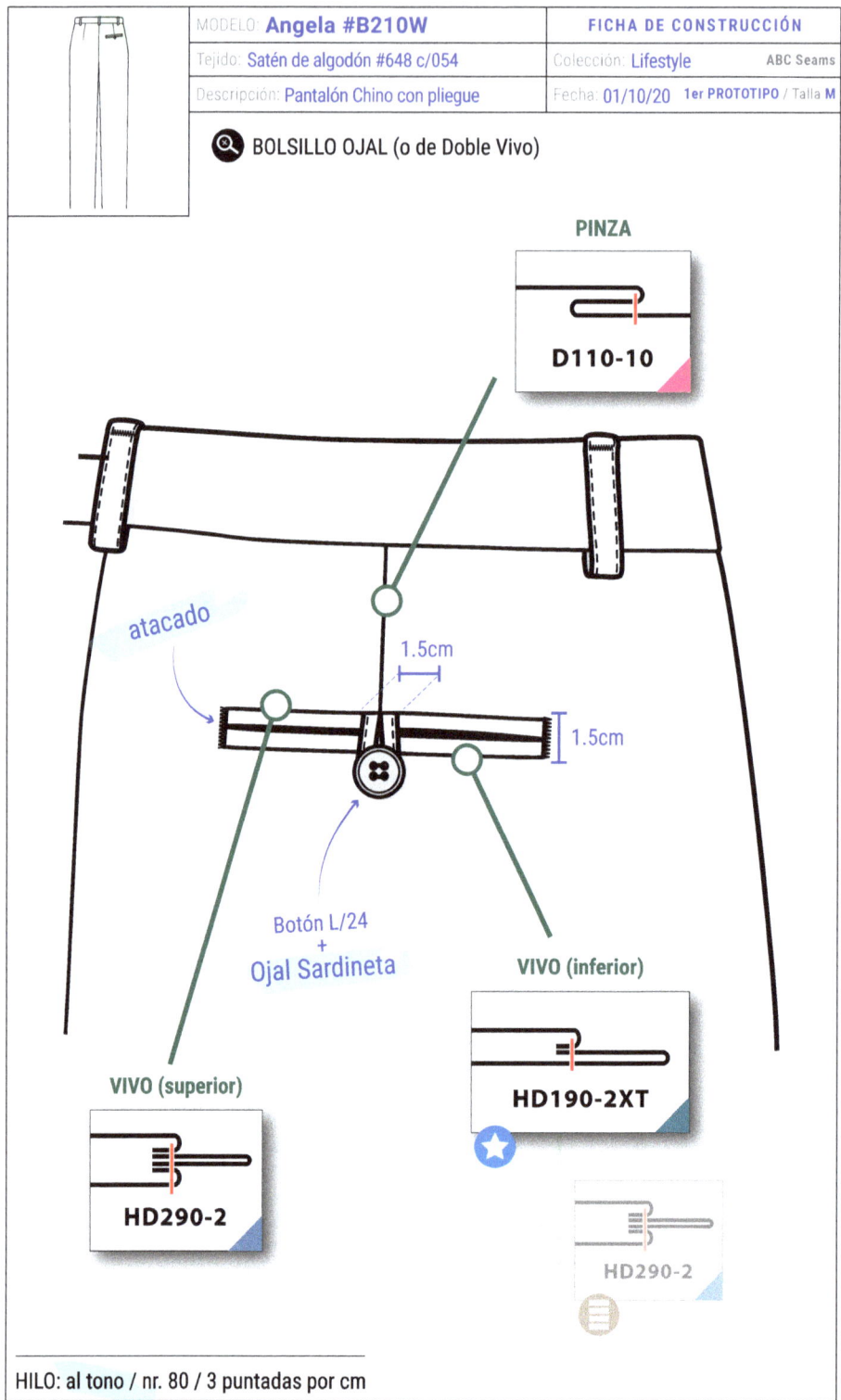

MODELO: **Angela #B210W**	FICHA DE CONSTRUCCIÓN	
Tejido: Satén de algodón #648 c/054	Colección: Lifestyle	ABC Seams
Descripción: Pantalón Chino con pliegue	Fecha: 01/10/20 1er PROTOTIPO / Talla M	

BOLSILLO OJAL (interior)

forro
(fondo de bolsillo)

LADO
HD200-1

BAJO
H160-0

HD190-5

HD000-3 +SE

HILO: al tono / nr. 80 / 3 puntadas por cm

BERMUDAS CARGO

Robert #B211W

Cinturilla elastizada

Bolsillos cargo

Bragueta falsa

Bolsillo ojal tipo parche (espalda)

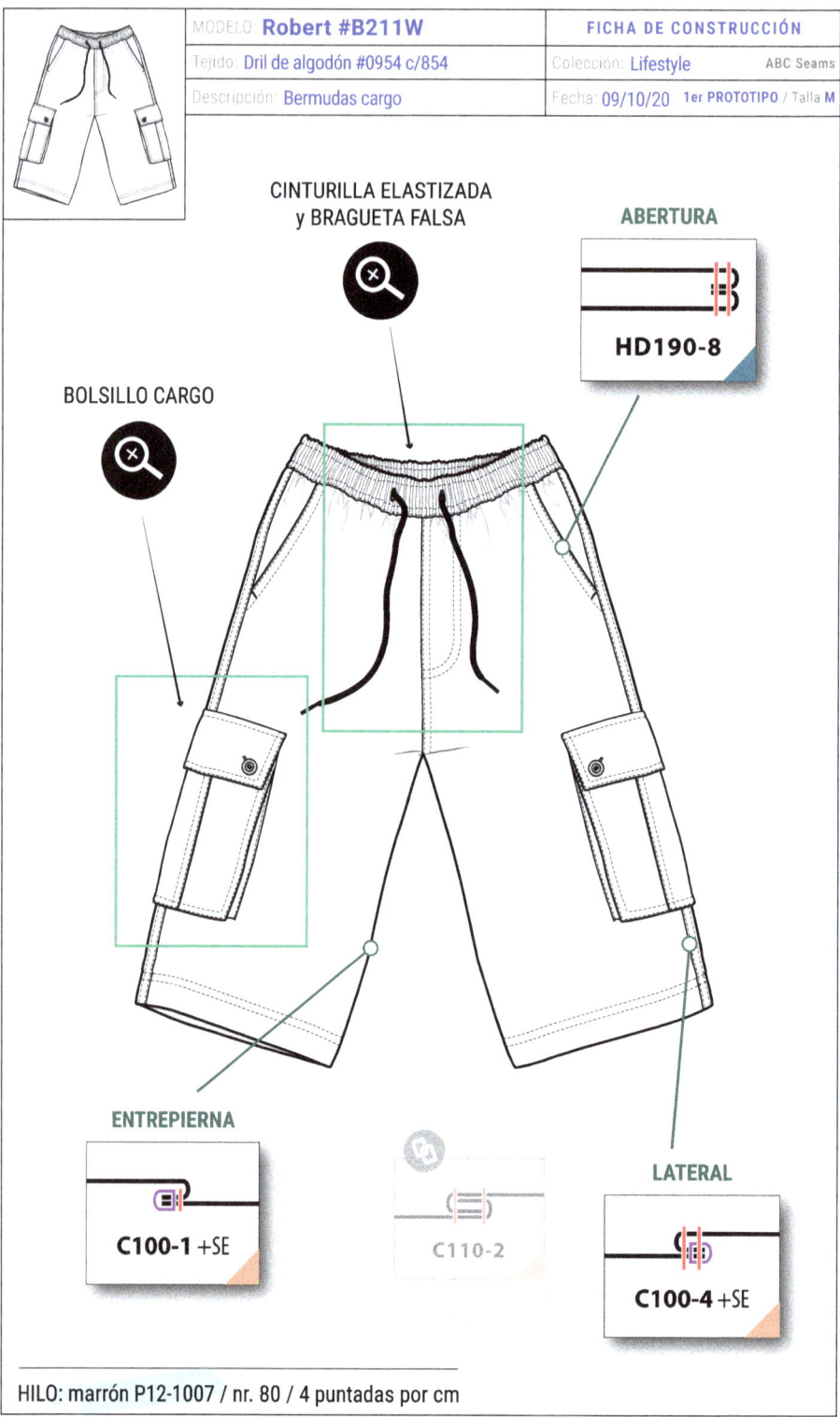

MODELO: **Robert #B211W**	**FICHA DE CONSTRUCCIÓN**	
Tejido: **Dril de algodón #0954 c/854**	Colección: **Lifestyle**	ABC Seams
Descripción: **Bermudas cargo**	Fecha: **09/10/20** **1er PROTOTIPO** / Talla **M**	

TIRO

C100-4 +SE

BOLSILLO OJAL tipo PARCHE

3cm

BAJO

dobladillo ancho

H130-6

H130-3

H130-14

HILO: marrón P12-1007 / nr. 80 / 4 puntadas por cm

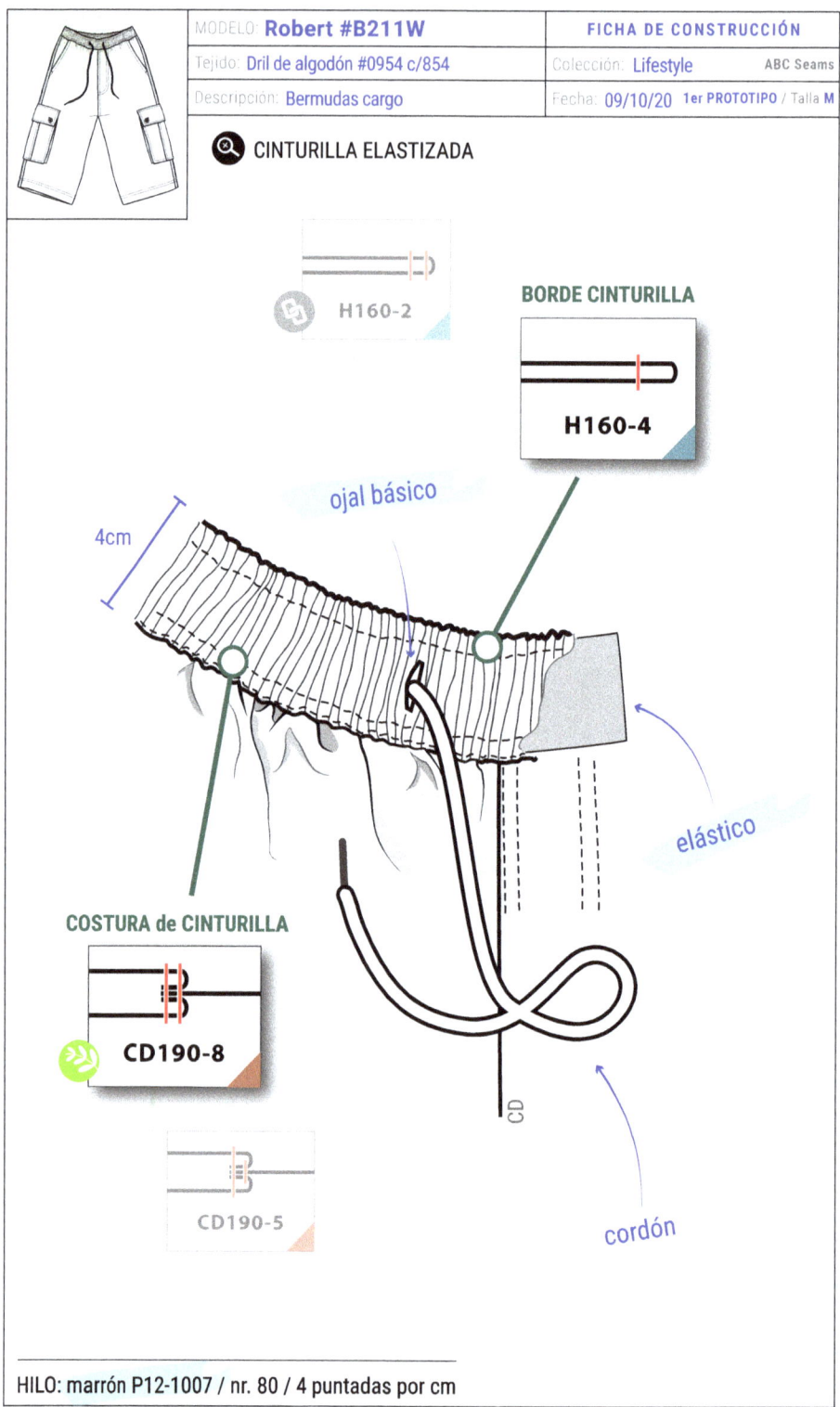

MODELO: **Robert #B211W**	FICHA DE CONSTRUCCIÓN	
Tejido: **Dril de algodón #0954 c/854**	Colección: **Lifestyle**	ABC Seams
Descripción: **Bermudas cargo**	Fecha: **09/10/20** **1er PROTOTIPO** / Talla **M**	

BRAGUETA FALSA

BRAGUETA FALSA (tiro)

HD190-8

HD190-4

BRAGUETA FALSA (vista)

D200-6x +SE

TIRO DELANTERO

C100-4 +SE

C100-3 +SE

D203-1Vx

HILO: marrón P12-1007 / nr. 80 / 4 puntadas por cm

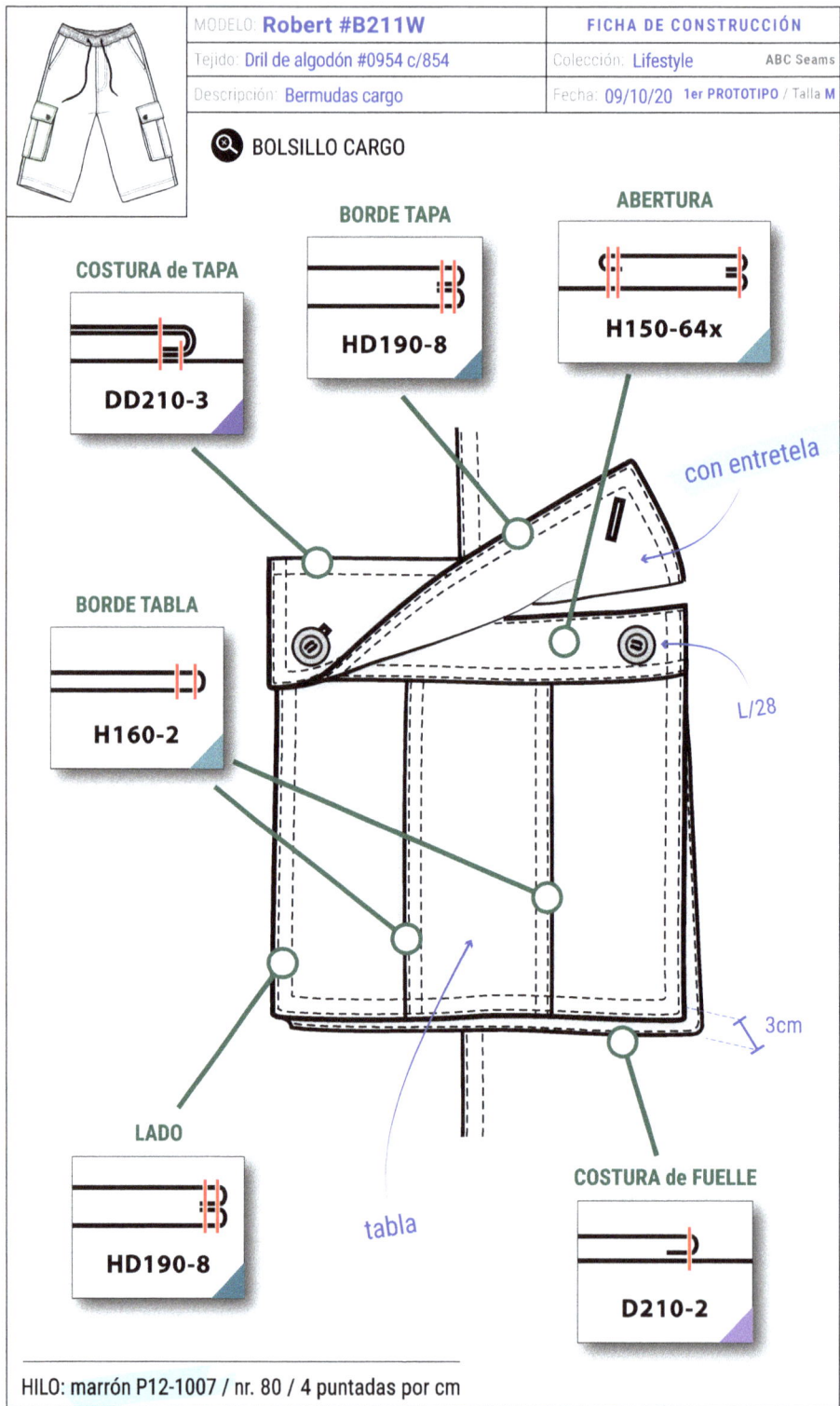

MODELO: **Robert #B211W**	FICHA DE CONSTRUCCIÓN	
Tejido: **Dril de algodón #0954 c/854**	Colección: **Lifestyle**	ABC Seams
Descripción: **Bermudas cargo**	Fecha: **09/10/20** **1er PROTOTIPO** / Talla **M**	

BOLSILLO OJAL tipo PARCHE

ABERTURA

H140-4T +SE

1.5cm

LADO

D203-1Vx

D200-6x +SE

D210-4x

INTERIOR

HILO: marrón P12-1007 / nr. 80 / 4 puntadas por cm

PANTALÓN CORTO

Donna #B212W

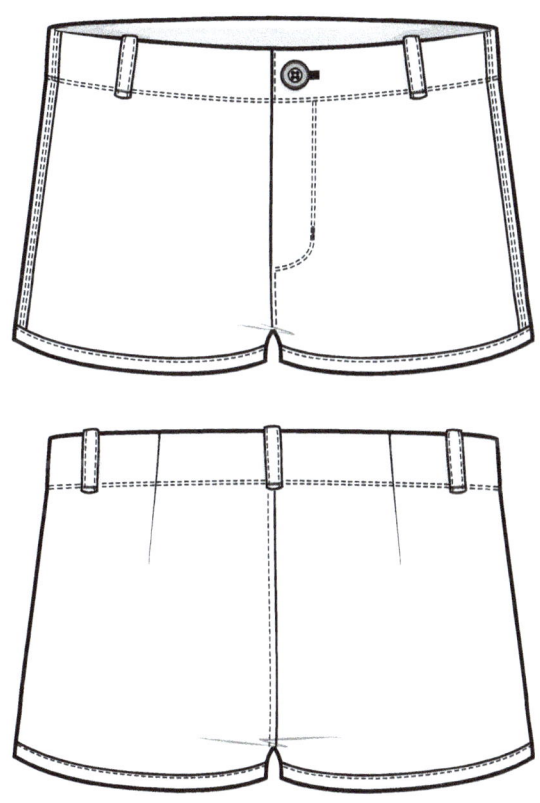

Cinturilla con vista

Tiro bajo

Bragueta con cremallera

Bajo envivados (embudo)

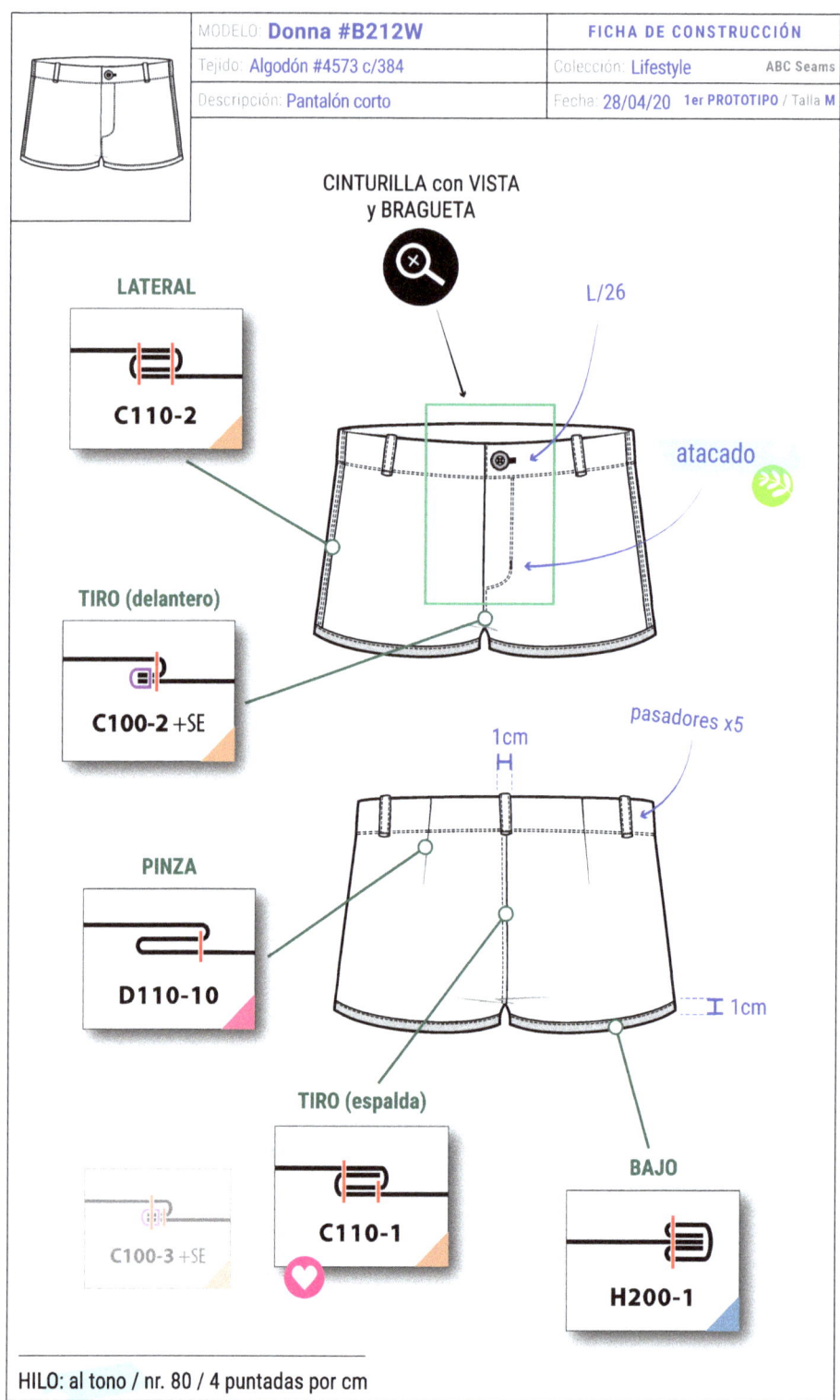

MODELO: **Donna #B212W**	**FICHA DE CONSTRUCCIÓN**	
Tejido: **Algodón #4573 c/384**	Colección: **Lifestyle**	ABC Seams
Descripción: **Pantalón corto**	Fecha: **28/04/20** **1er PROTOTIPO** / Talla **M**	

CINTURILLA con VISTA y BRAGUETA

H150-62

CINTURILLA
H150-61

COSTURA DE BRAGUETA
(vista)
VISTA
D210-9x

4cm

cremallera de nylon

ojal básico

CREMALLERA INTERIOR
(protección)
CE100T-2 +SE

BORDE BRAGUETA (vista)
HD190-2

CREMALLERA SUPERIOR
(vista)
D400-3x

HILO: al tono / nr. 80 / 4 puntadas por cm

LEGGINGS

Luisa #B213K

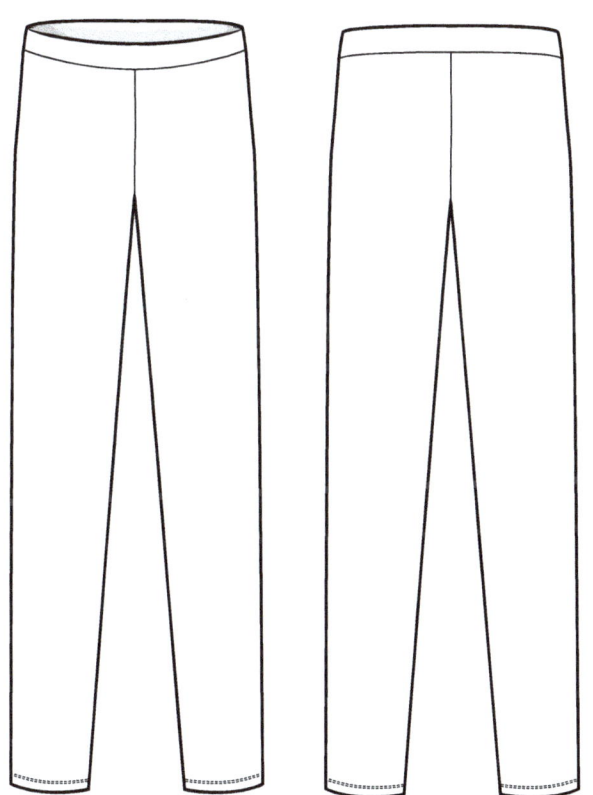

Estilo clásico
Cinturilla elastizada
Look limpio
Largo 7/8

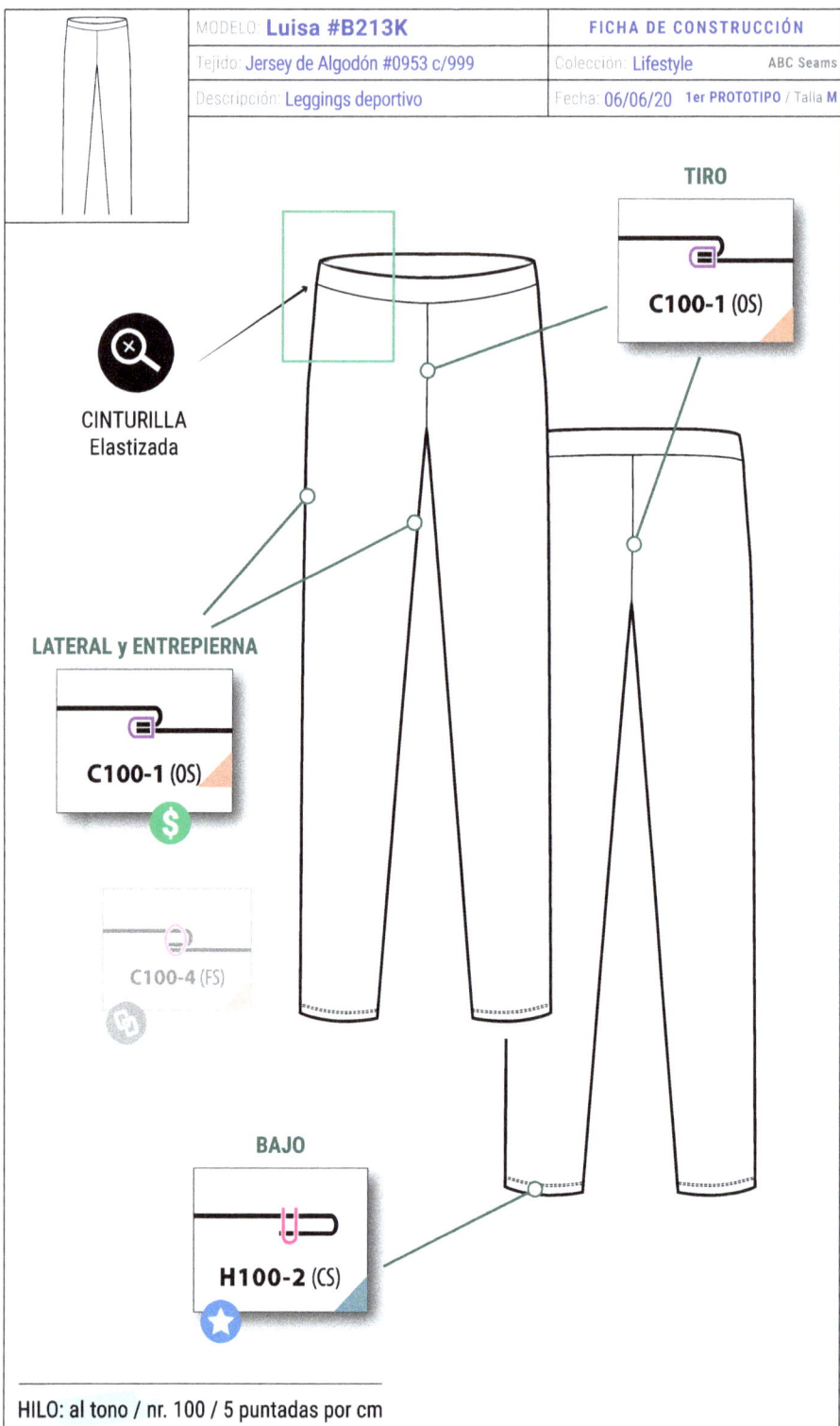

MODELO: **Luisa #B213K**	FICHA DE CONSTRUCCIÓN	
Tejido: Jersey de Algodón #0953 c/999	Colección: **Lifestyle**	ABC Seams
Descripción: Leggings deportivo	Fecha: 06/06/20	1er PROTOTIPO / Talla **M**

CINTURILLA Elastizada

fijar elástico en costura lateral
(ambos lados)

BORDE CINTURILLA

H160-1

H160-0

COSTURA de CINTURILLA

CE100-1 (OS)

elástico
(3cm ancho)

HILO: al tono / nr. 100 / 5 puntadas por cm

FALDA LÍNEA-A

Patricia #B214W

Tapeta delantera con botones

Bolsillo falso

Cinturilla recta (una pieza)

Bajo ancho

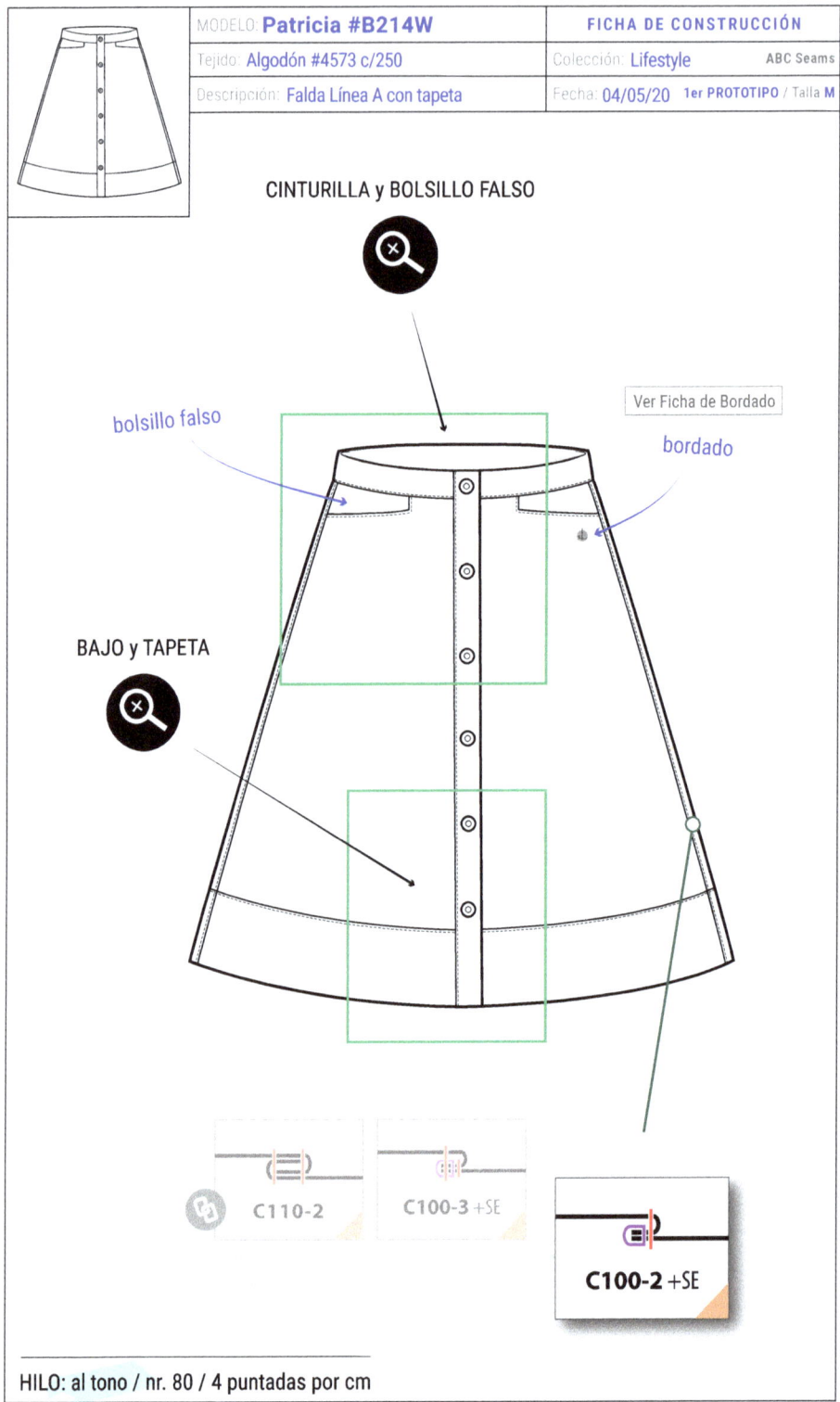

MODELO: **Patricia #B214W**	FICHA DE CONSTRUCCIÓN	
Tejido: Algodón #4573 c/250	Colección: Lifestyle	ABC Seams
Descripción: Falda Línea A con tapeta	Fecha: 04/05/20 **1er PROTOTIPO** / Talla **M**	

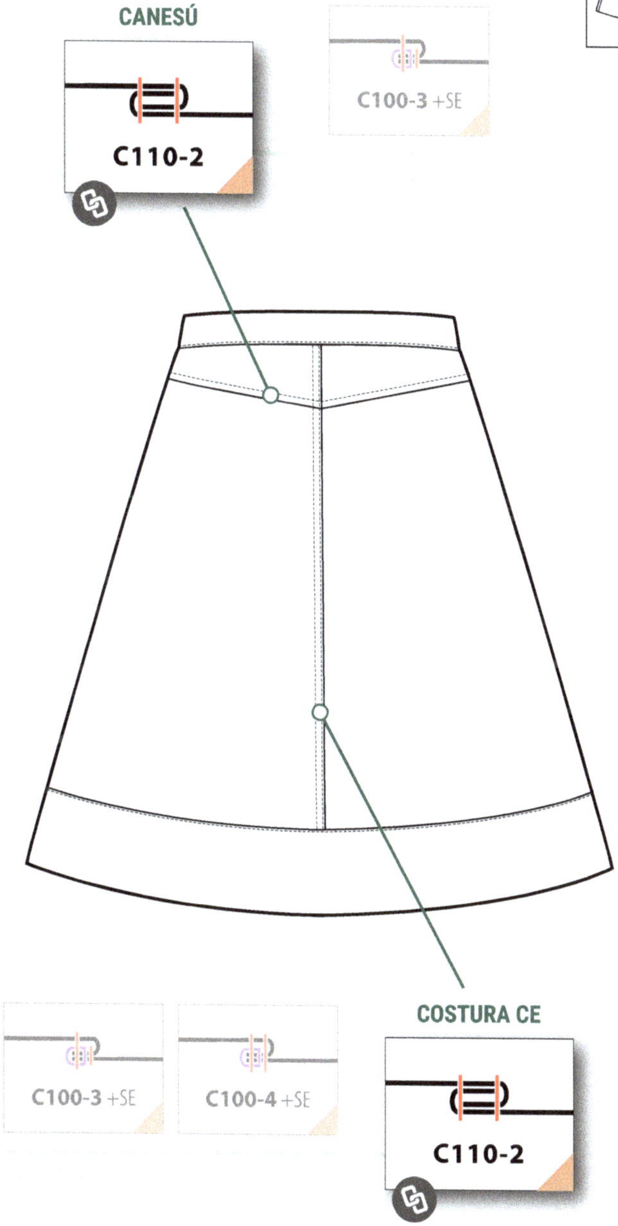

CANESÚ

C110-2

C100-3 +SE

COSTURA CE

C100-3 +SE   C100-4 +SE

C110-2

FALDAS

HILO: al tono / nr. 80 / 4 puntadas por cm

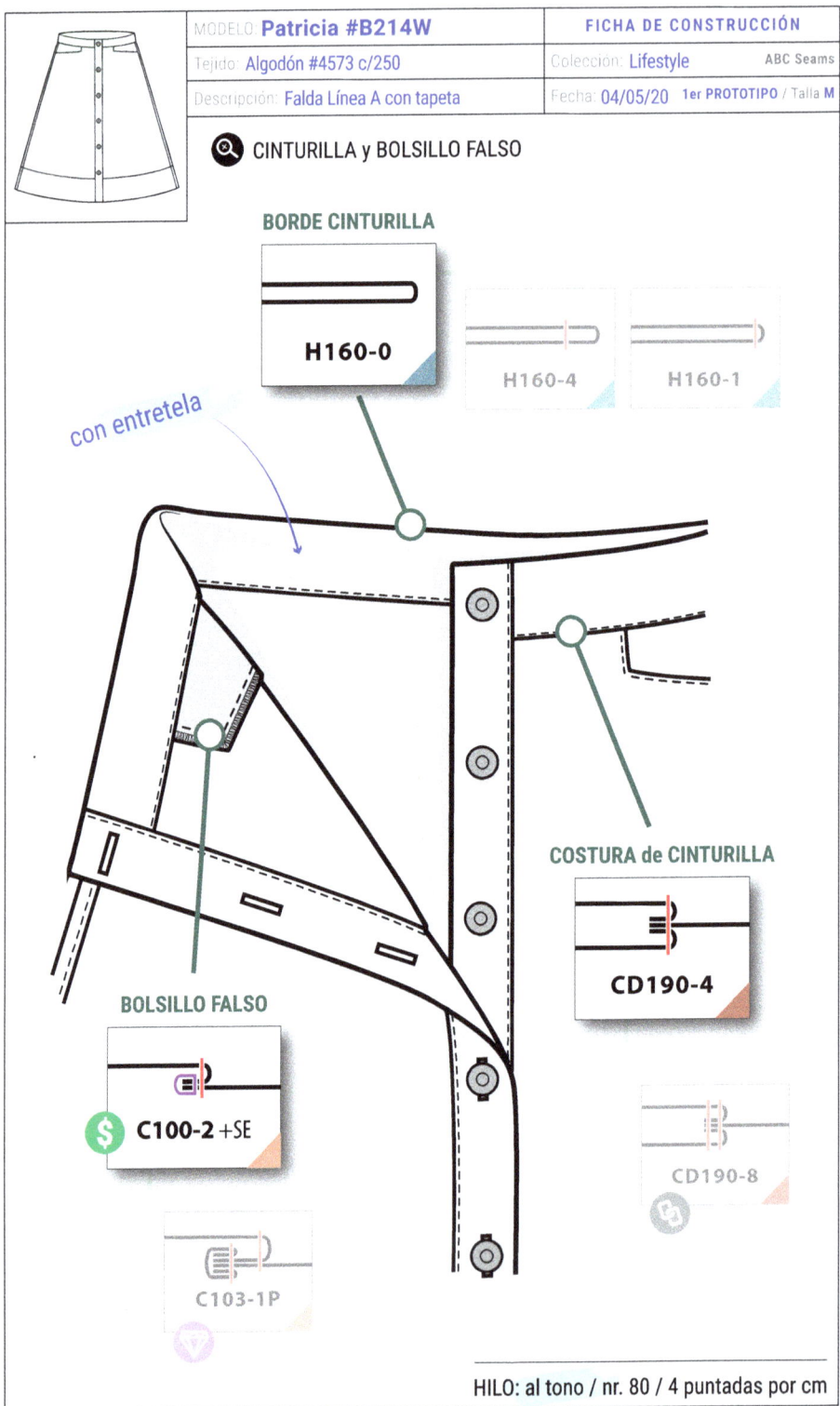

MODELO: **Patricia #B214W**	**FICHA DE CONSTRUCCIÓN**	
Tejido: Algodón #4573 c/250	Colección: Lifestyle	ABC Seams
Descripción: Falda Línea A con tapeta	Fecha: 04/05/20 **1er PROTOTIPO** / Talla **M**	

BAJO y TAPETA

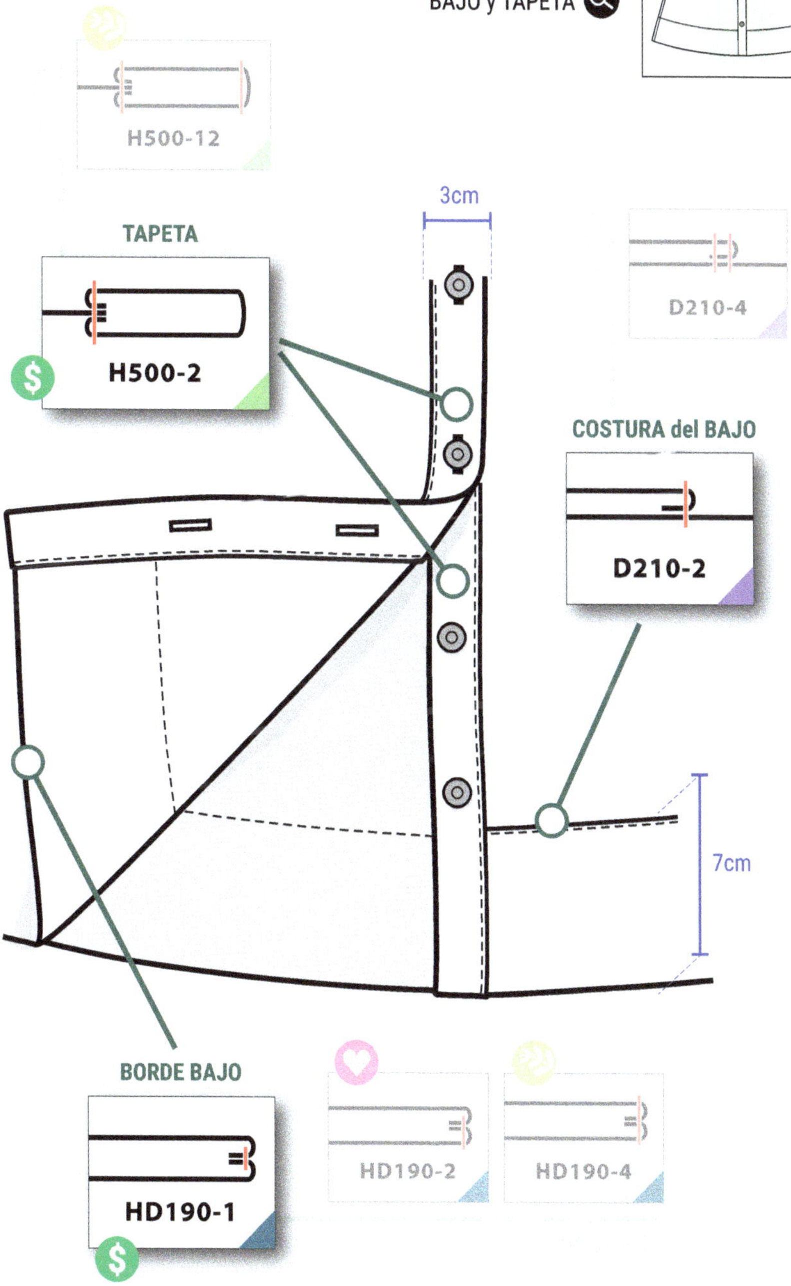

H500-12

TAPETA

H500-2

3cm

D210-4

COSTURA del BAJO

D210-2

7cm

BORDE BAJO

HD190-1

HD190-2

HD190-4

HILO: al tono / nr. 80 / 4 puntadas por cm

MINI

18-4436 TCX

19-4007 TCX

16-1305 TCX

FALDA TEJANA

Linda #B215J

Bragueta abotonada

Cinturilla recta (dos piezas)

Bolsillo parche con tapa (delantero)

Bolsillo de vivo (espalda)

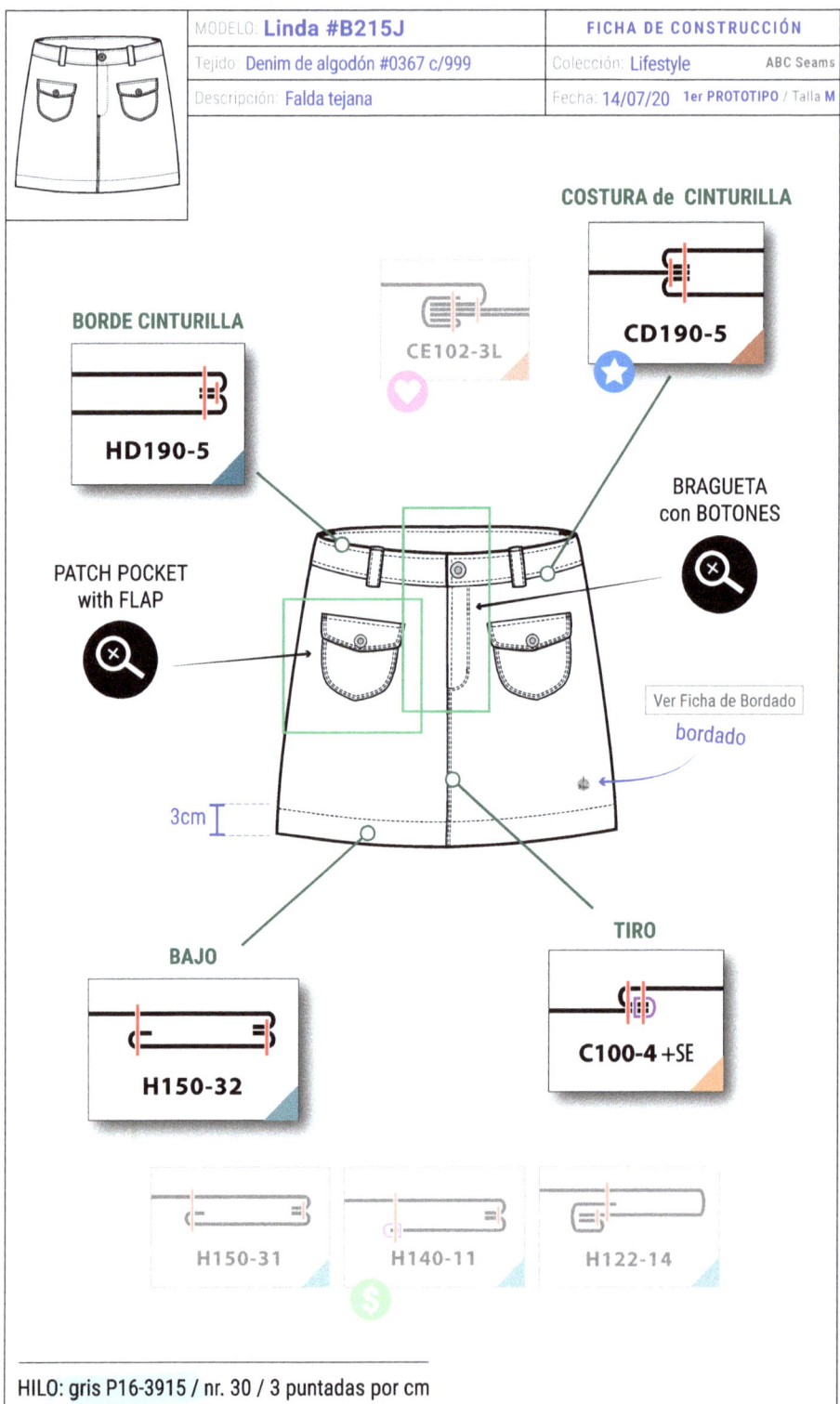

MODELO: **Linda #B215J**	FICHA DE CONSTRUCCIÓN	
Tejido: **Denim de algodón #0367 c/999**	Colección: **Lifestyle**	ABC Seams
Descripción: **Falda tejana**	Fecha: **14/07/20** 1er **PROTOTIPO** / Talla **M**	

PASADOR
- atacado
- coser
- 1cm
- 1.7cm

pasador x5

BOLSILLO de VIVO

LATERAL
C100-2 +SE

CANESÚ ESPALDA y TIRO
C100-4 +SE

C110-2 (CHS)

HILO: gris P16-3915 / nr. 30 / 3 puntadas por cm

Segunda Parte: Fichas de Construcción

TOPS · VESTIDO · PANTALONES · FALDAS · ABRIGOS · ROPA INTERIOR · BAÑADORES

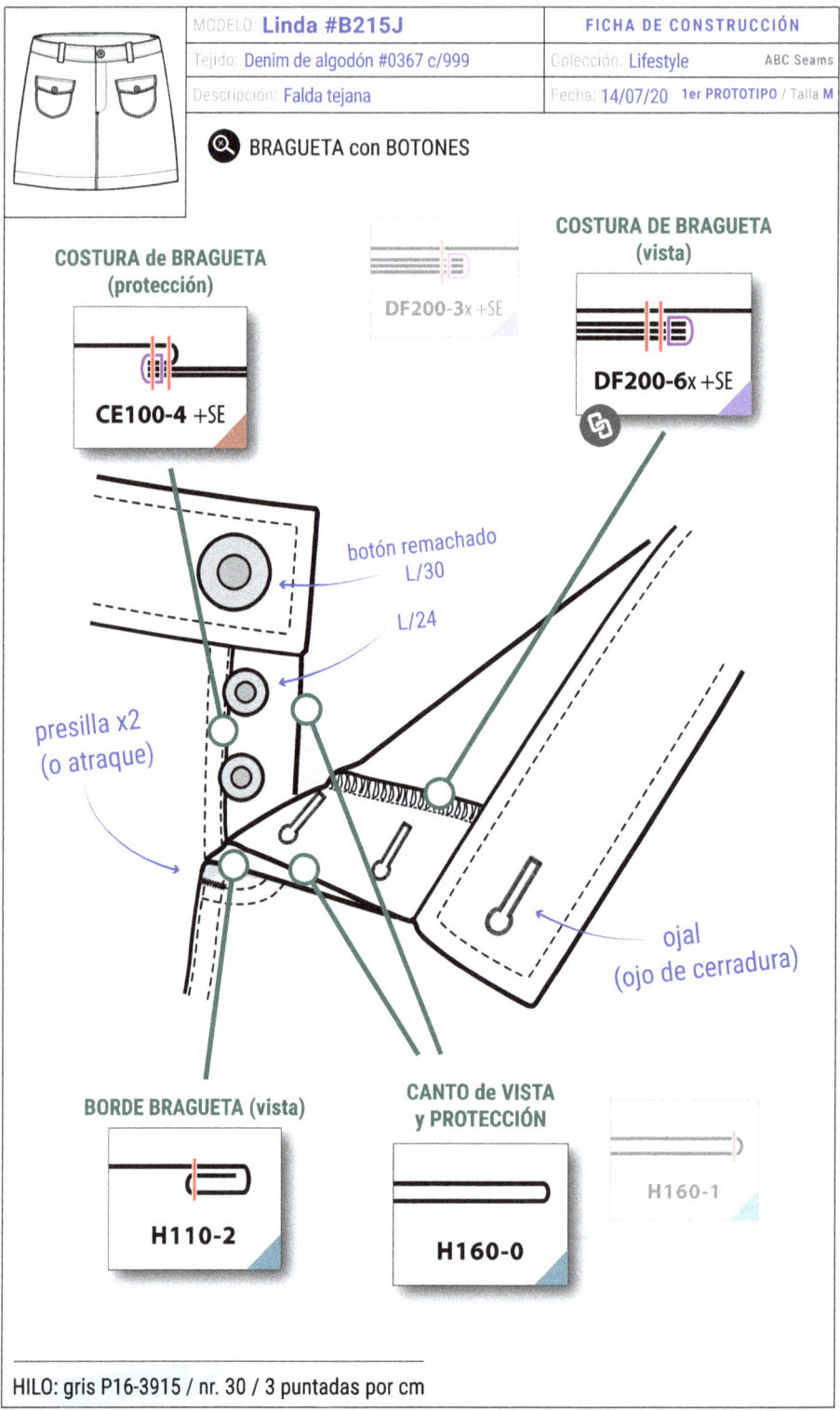

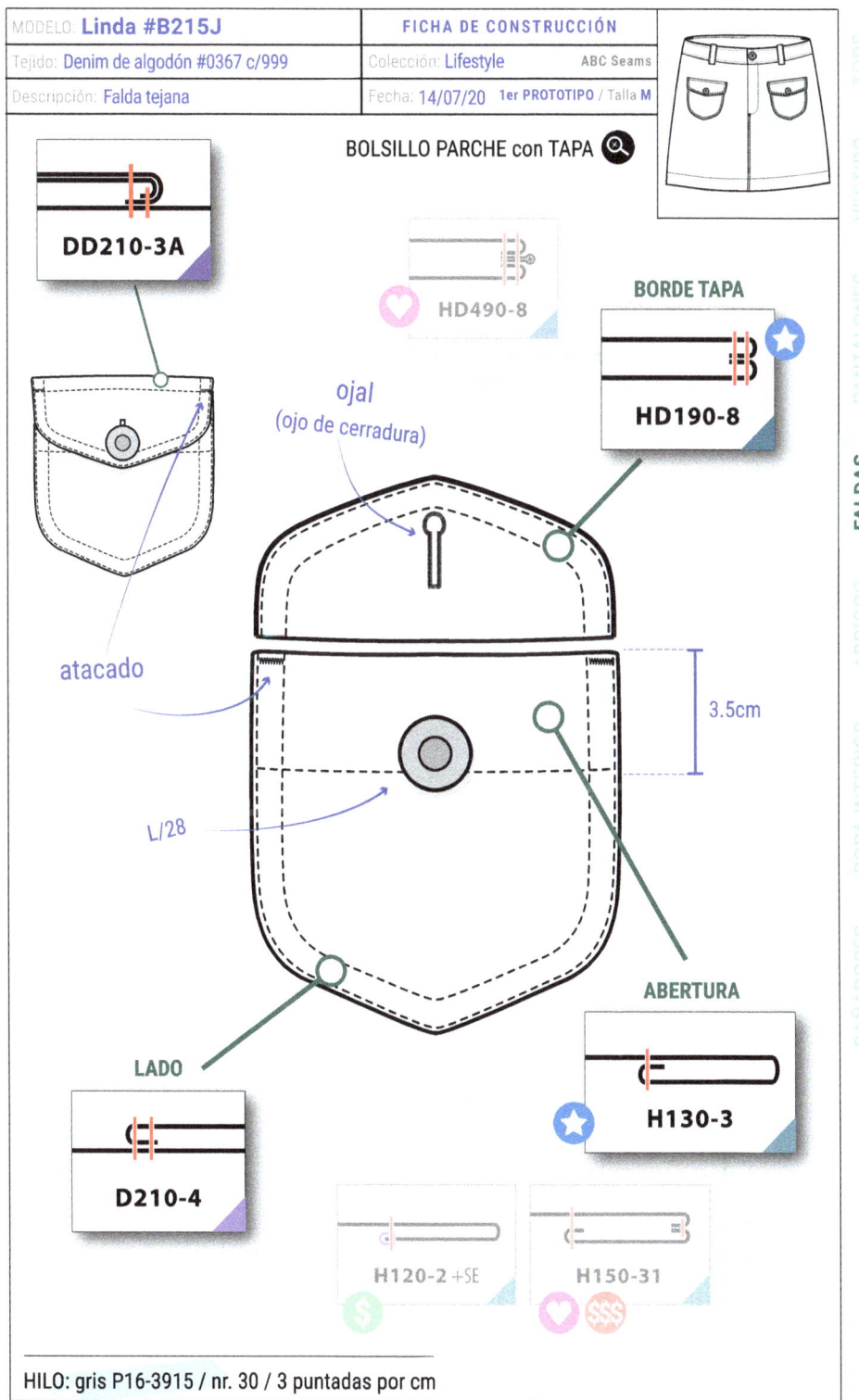

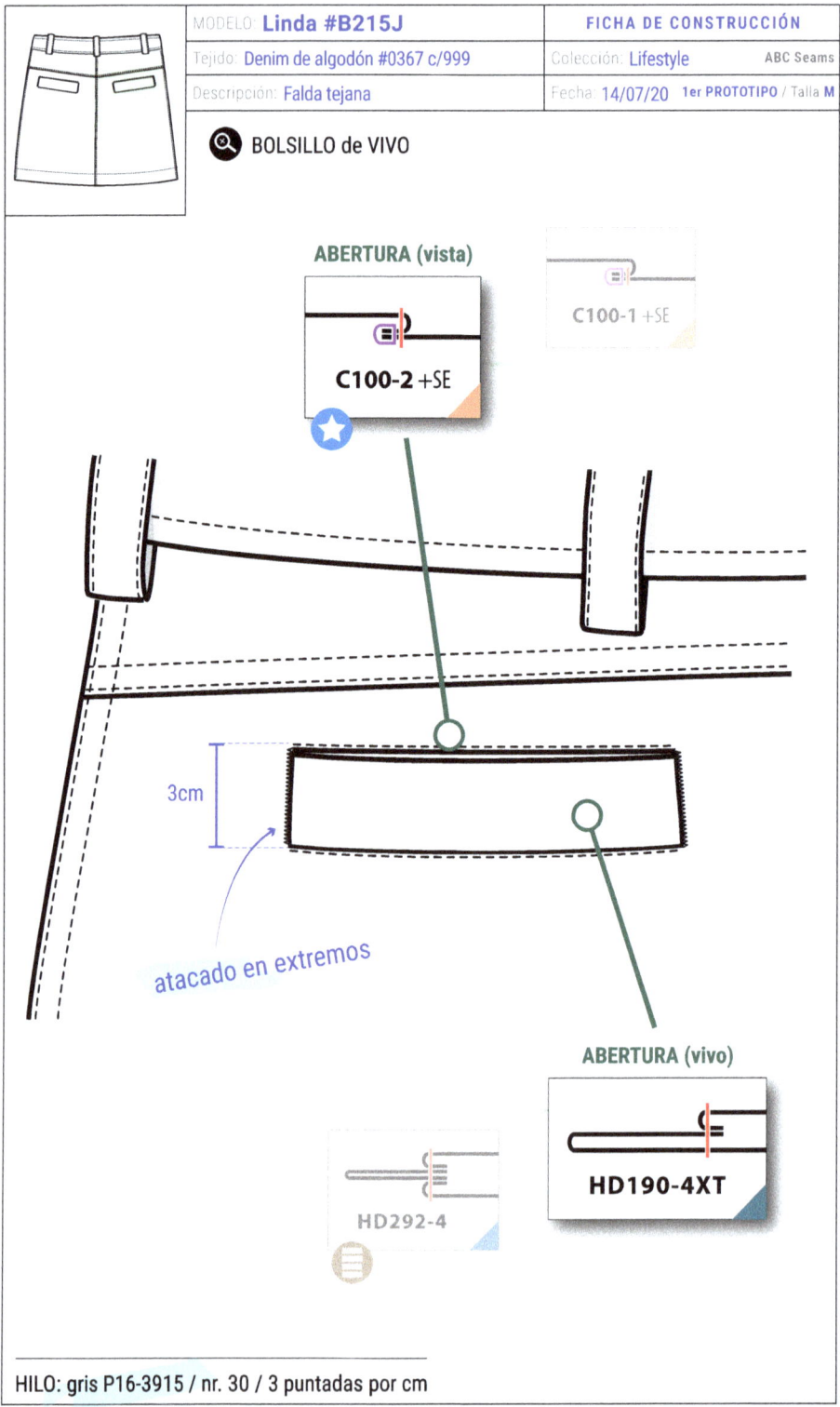

MODELO: **Linda #B215J**	**FICHA DE CONSTRUCCIÓN**	
Tejido: **Denim de algodón #0367 c/999**	Colección: **Lifestyle**	ABC Seams
Descripción: **Falda tejana**	Fecha: **14/07/20** **1er PROTOTIPO** / Talla **M**	

BOLSILLO de VIVO (interior)

CANESÚ ESPALDA

CE

BAJO

H160-0

forro
(fondo de bolsillo)

LADO

HD190-5

HD200-1   HD000-3 +SE

HILO: gris P16-3915 / nr. 30 / 3 puntadas por cm

SUDADERA

Simon #B216J

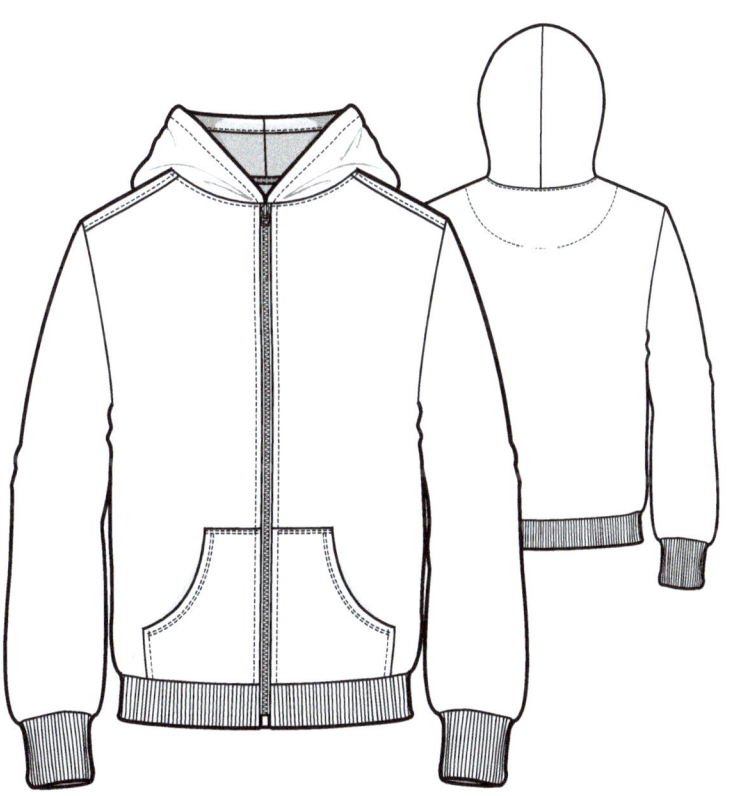

Delantero con cremallera y vista
Puños y bajo con rib
Bolsillo canguro
Capucha forrada

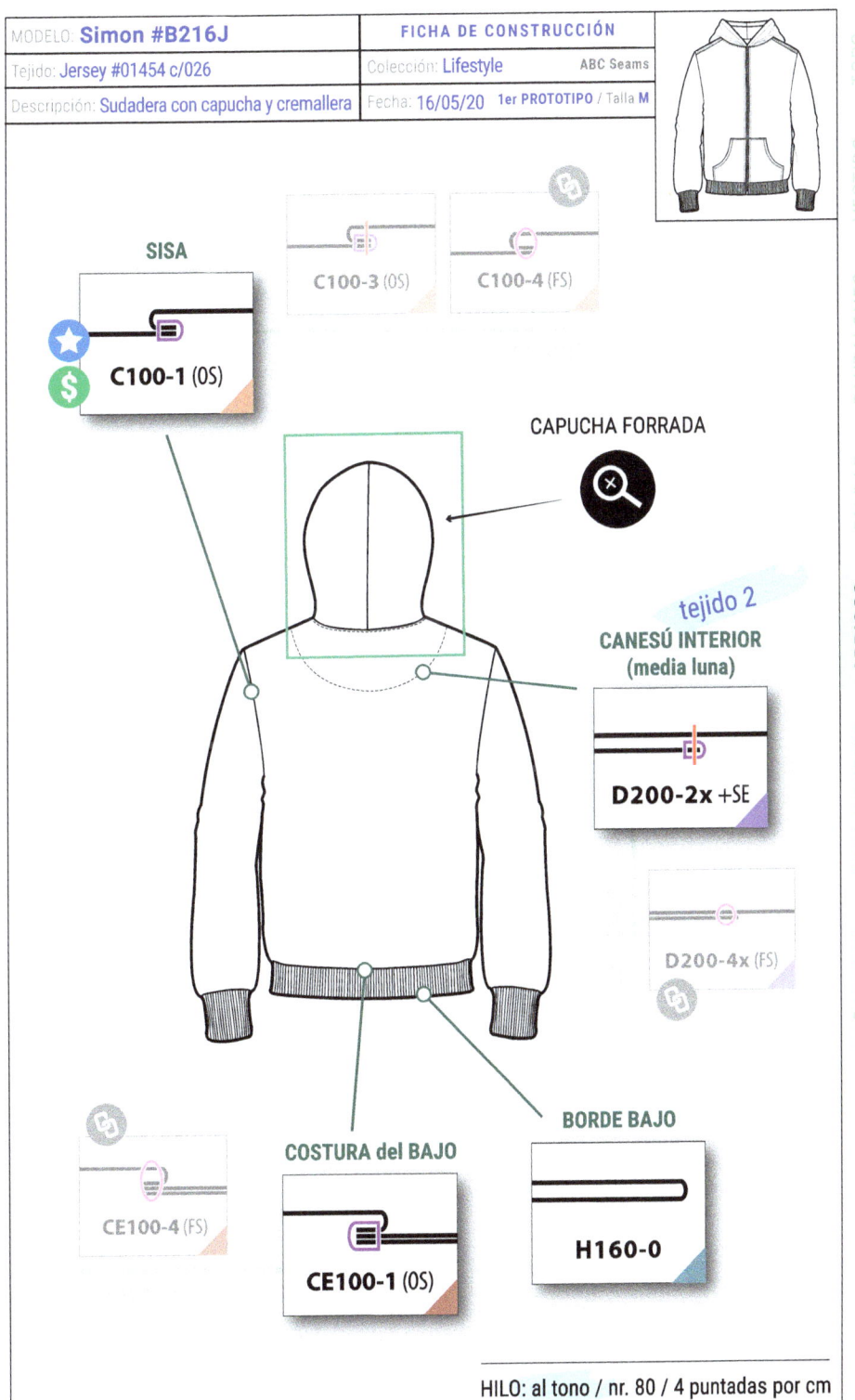

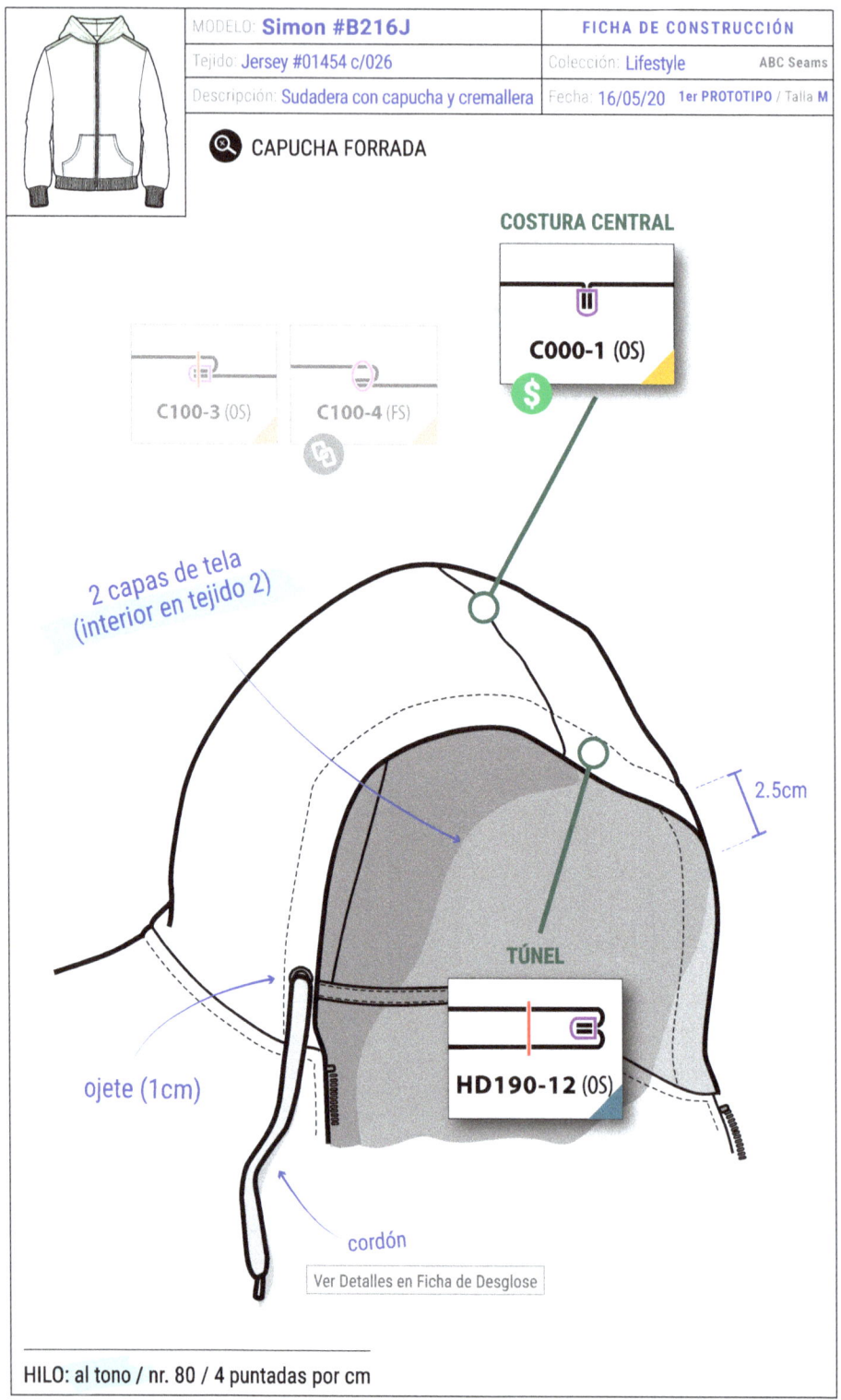

MODELO: **Simon #B216J**	FICHA DE CONSTRUCCIÓN	
Tejido: **Jersey #01454 c/026**	Colección: **Lifestyle**	ABC Seams
Descripción: **Sudadera con capucha y cremallera**	Fecha: **16/05/20** **1er PROTOTIPO** / Talla **M**	

ESCOTE con CREMALLERA y VISTA 🔍

ESCOTE (espalda)

CF104-3

ESCOTE (delantero)

CD190-5 +SE

forro de capucha
y canesú: tejido 2

cinta gro-gren
(1cm)

vista
(tejido principal)

HD390-4

CREMALLERA

HD390-5

CANESÚ INTERIOR
(ver dibujo de espalda)

BORDE VISTA

H100-2 (CS)   **H200-1**

H000-0 +SE

HILO: al tono / nr. 80 / 4 puntadas por cm

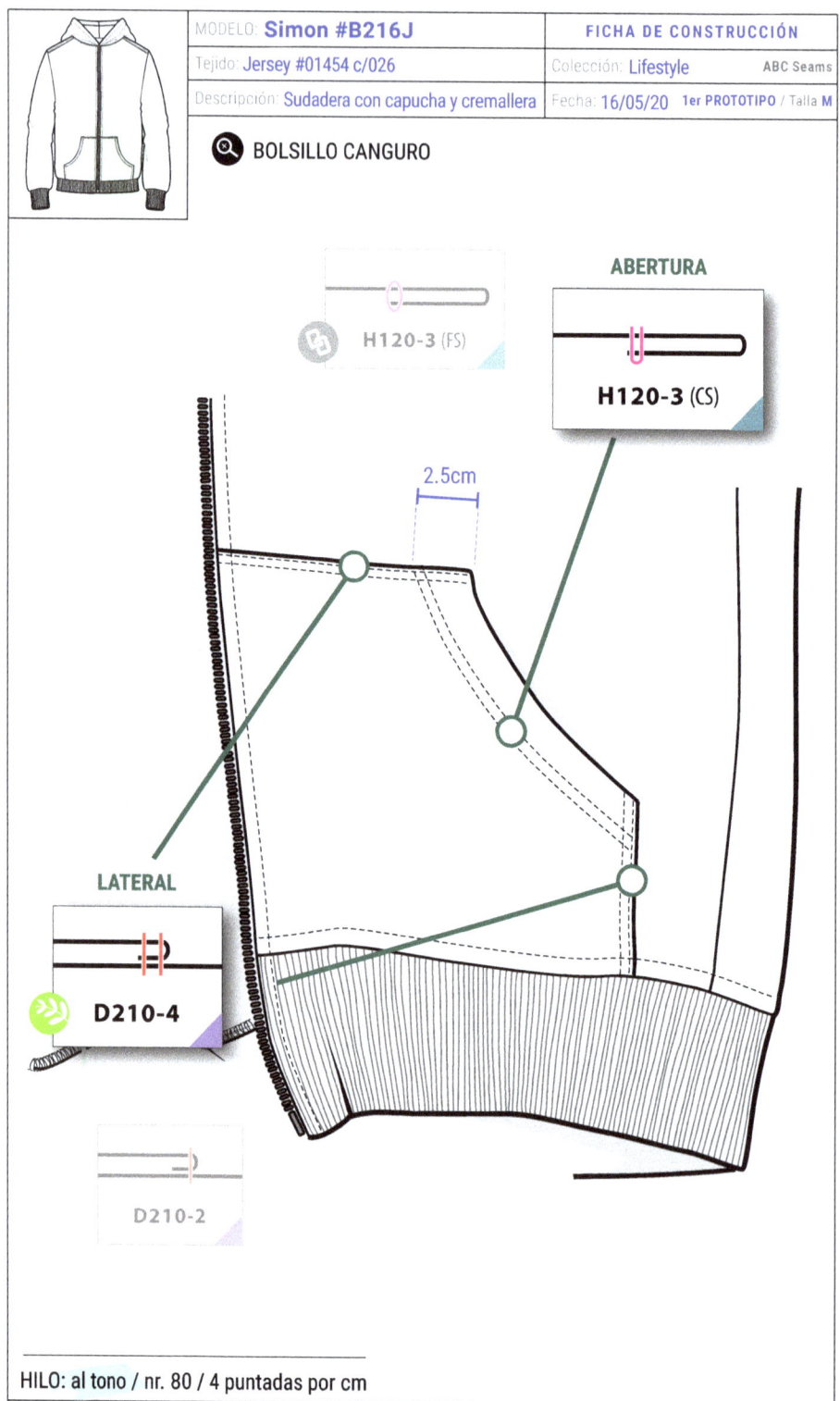

MODELO: **Simon #B216J**	FICHA DE CONSTRUCCIÓN	ABC Seams
Tejido: Jersey #01454 c/026	Colección: Lifestyle	
Descripción: Sudadera con capucha y cremallera	Fecha: 16/05/20 1er PROTOTIPO / Talla M	

PUÑO de RIB

BORDE PUÑO
H160-0

LATERAL MANGA
C000-1 (OS)

rib 2x2
(tejido 3)

INTERIOR

COSTURA del PUÑO
CE100-1 (OS)

CE100-4 (FS)

HILO: al tono / nr. 80 / 4 puntadas por cm

BLAZER

Tom #B217W

Solapa clásica

Forrado

Abertura de manga con botones

Doble abertura en bajo espalda

Look limpio (sin pespuntes visibles)

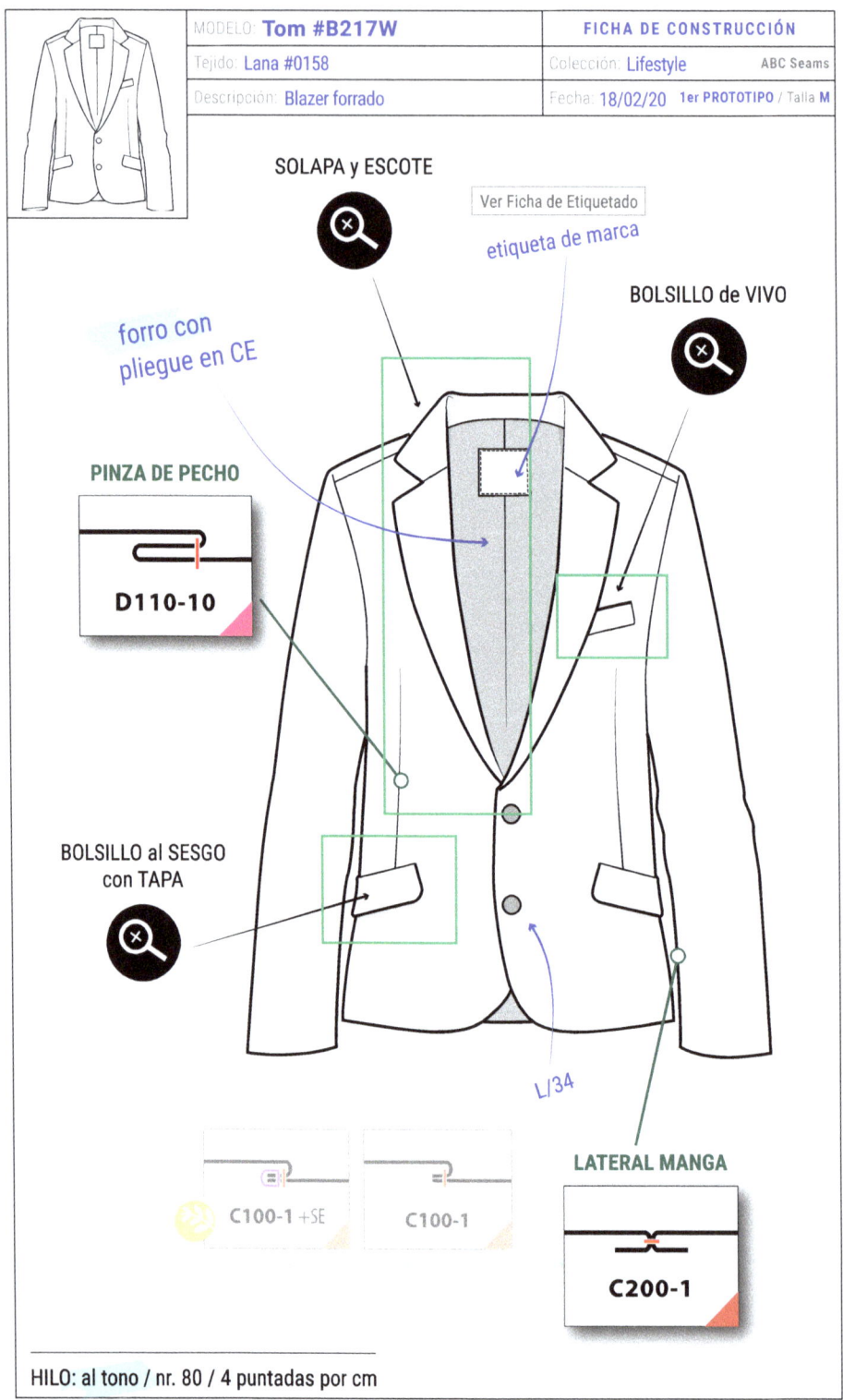

MODELO: **Tom #B217W**	FICHA DE CONSTRUCCIÓN	
Tejido: **Lana #0158**	Colección: **Lifestyle**	ABC Seams
Descripción: **Blazer forrado**	Fecha: **18/02/20** 1er PROTOTIPO / Talla **M**	

SISA

MANGA — CUERPO

C100-1

C100-1 +SE

COSTURA de CODO

C100-1 +SE

BAJO y ABERTURA

COSTURA de ESPALDA

C200-1

C200-1 +SE

ABERTURA de MANGA

HILO: al tono / nr. 80 / 4 puntadas por cm

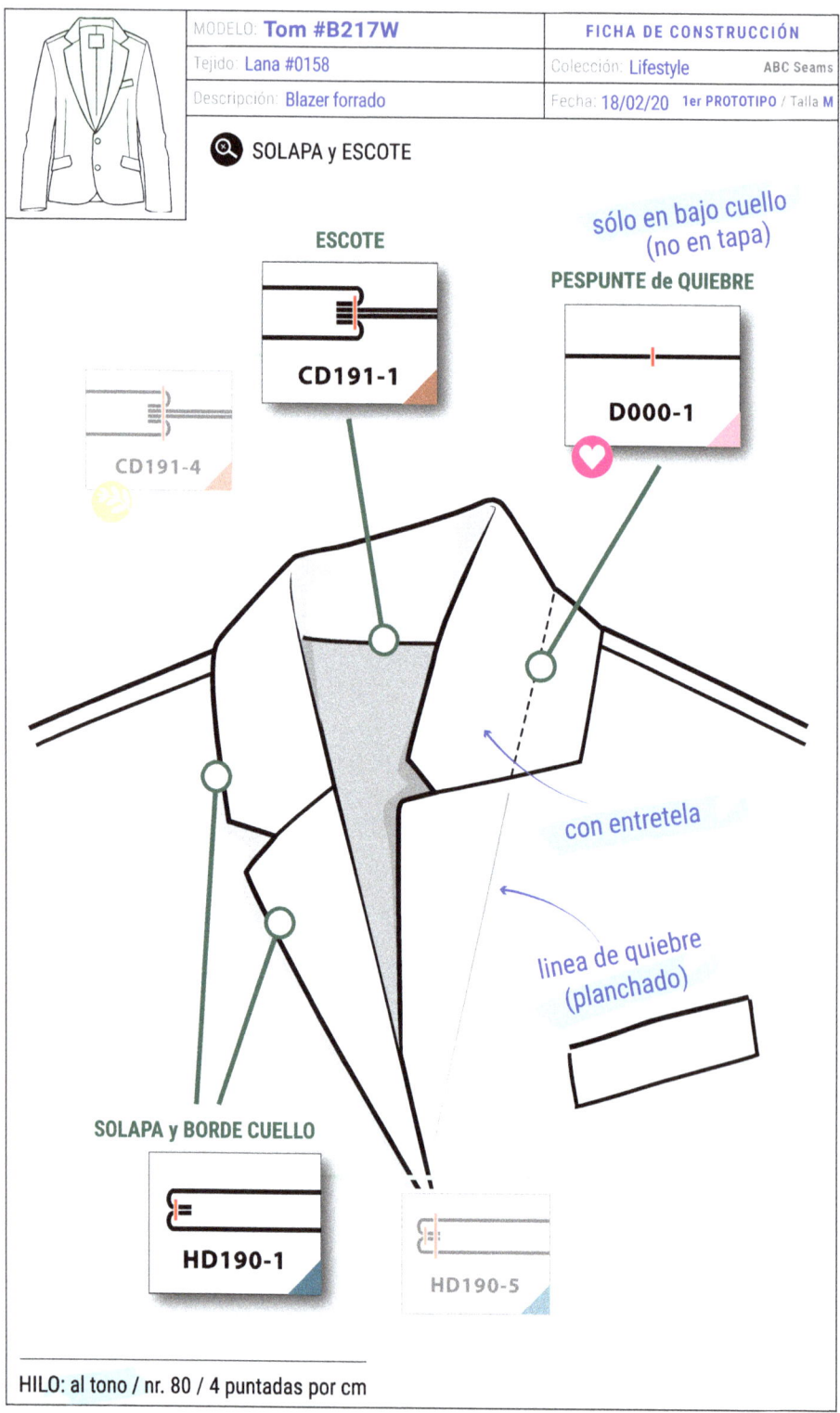

MODELO: **Tom #B217W**	FICHA DE CONSTRUCCIÓN	
Tejido: **Lana #0158**	Colección: **Lifestyle**	ABC Seams
Descripción: **Blazer forrado**	Fecha: **18/02/20** **1er PROTOTIPO** / Talla **M**	

ESCOTE y FORRO (interior)

PLIEGUE ESPALDA (cerrado)
D112-0A

PLIEGUE ESPALDA (abierto)
D112-0

linea de quiebre (planchado)

4cm

ETIQUETA de MARCA
D200-1

COSTURA de VISTA
C100-2

C100C-2

C100B-2

HILO: al tono / nr. 80 / 4 puntadas por cm

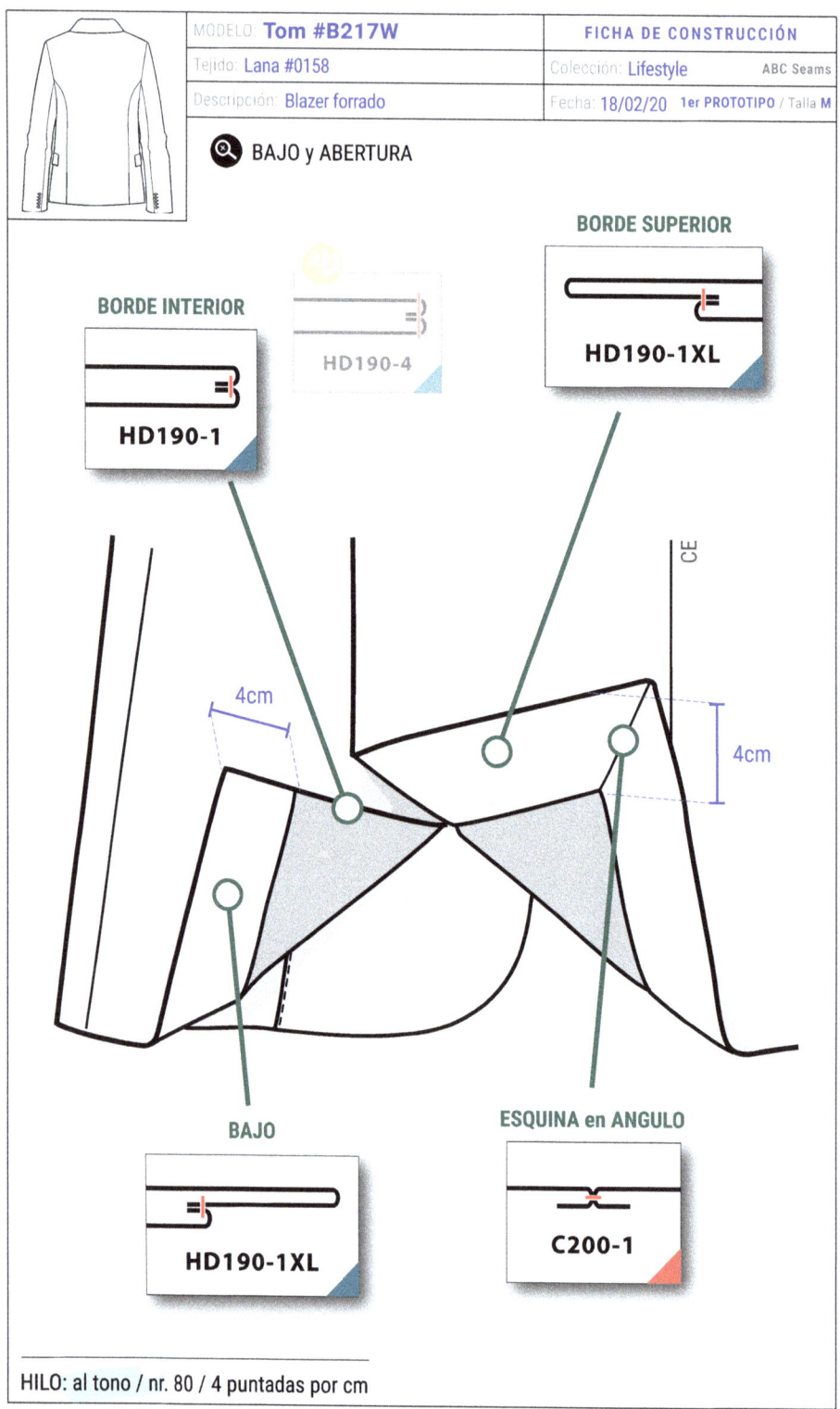

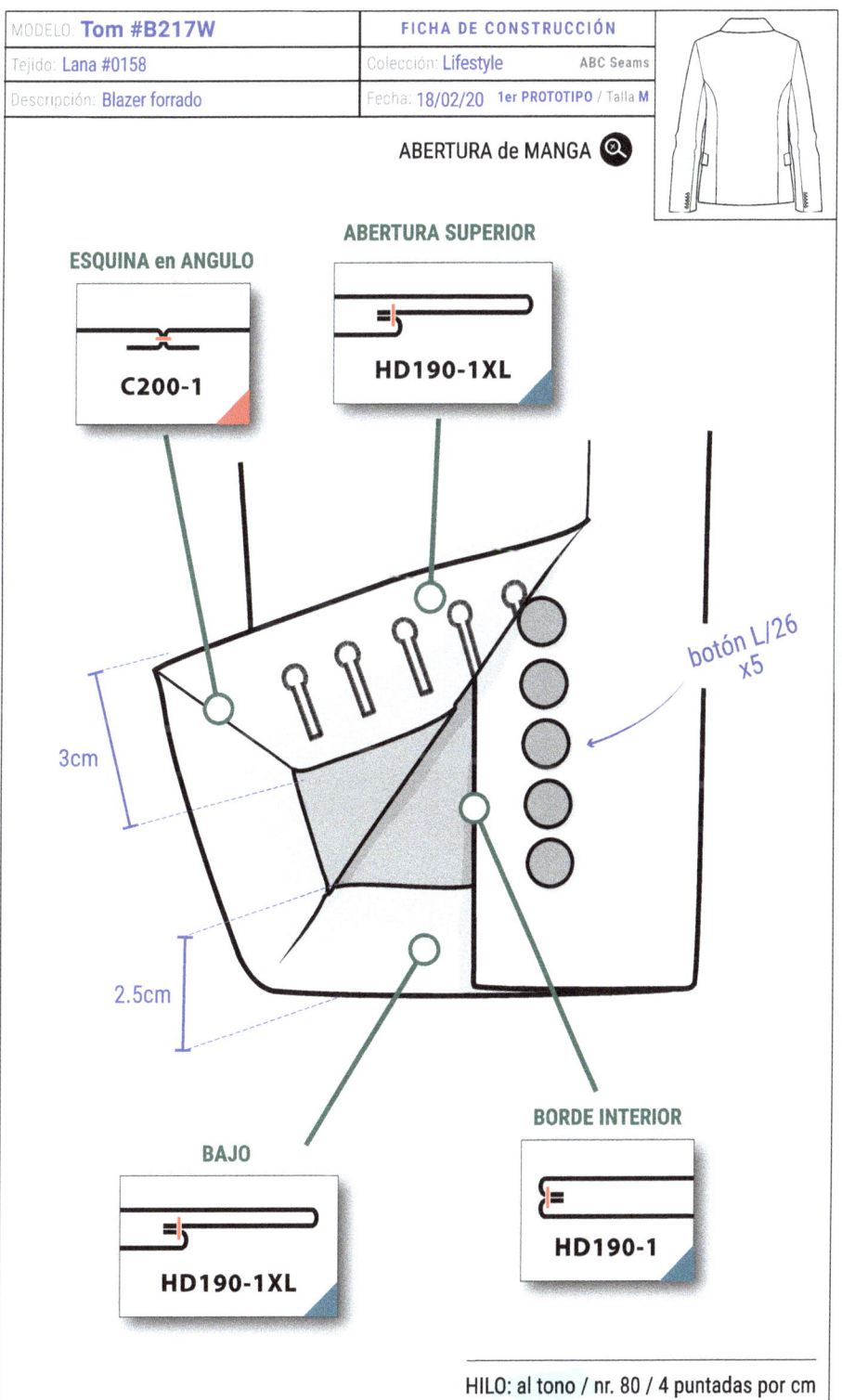

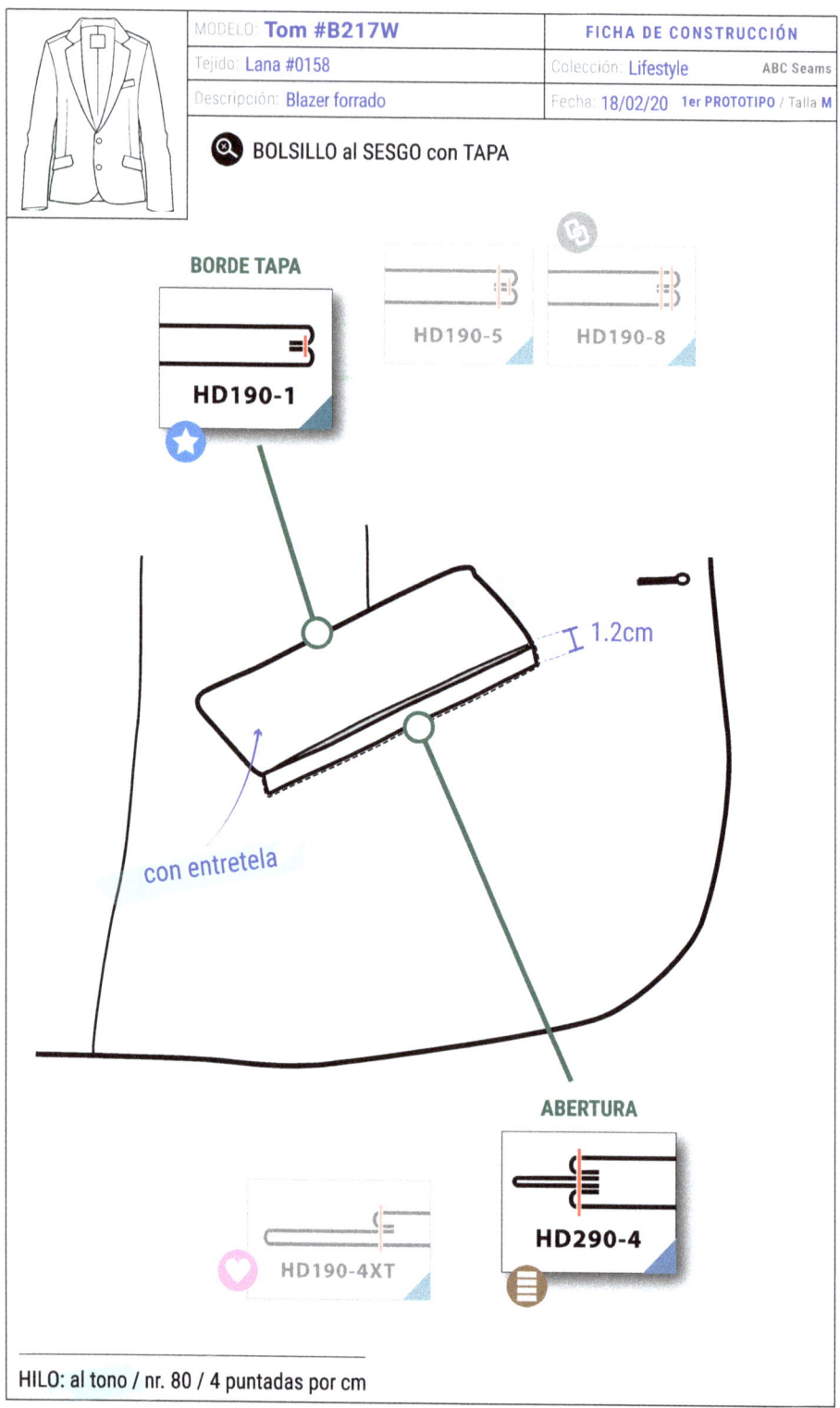

MODELO: **Tom #B217W**	**FICHA DE CONSTRUCCIÓN**	
Tejido: **Lana #0158**	Colección: **Lifestyle**	ABC Seams
Descripción: **Blazer forrado**	Fecha: **18/02/20** **1er PROTOTIPO** / Talla **M**	

BOLSILLO de VIVO (pecho)

VISTA

C100-1

C100-2

FORRO

(forro)
fondo de bolsillo

3cm

ABERTURA

HD292-1

HD292-4

BORDE FONDO BOLSILLO

H000-1 +SE

HILO: al tono / nr. 80 / 4 puntadas por cm

CHAQUETA TEJANA

Karen #B218J

Cuello camisero entero

Puño con abertura

Bajo con regulador en espalda

Doble pespunte

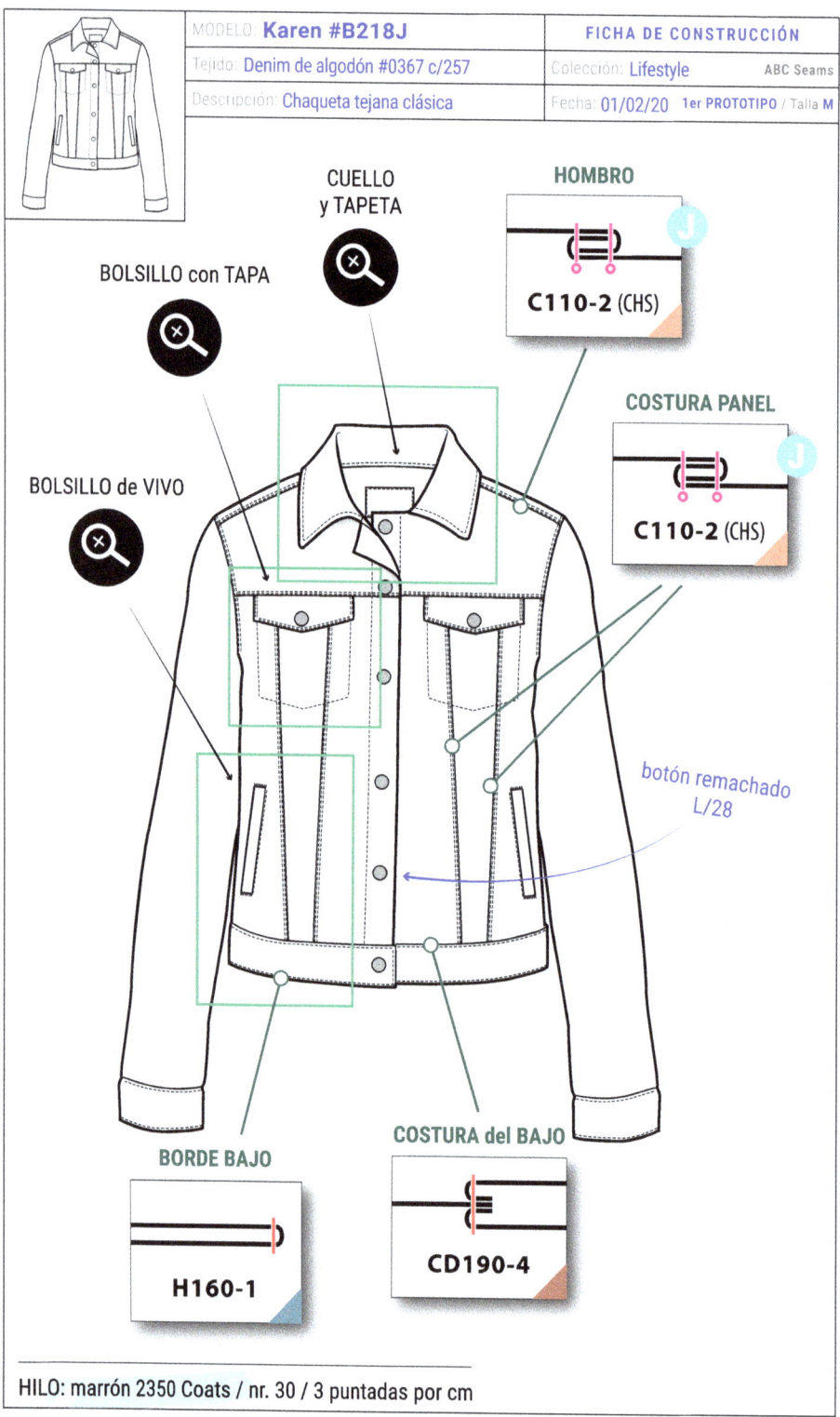

MODELO: **Karen #B218J**	FICHA DE CONSTRUCCIÓN	
Tejido: **Denim de algodón #0367 c/257**	Colección: **Lifestyle**	ABC Seams
Descripción: **Chaqueta tejana clásica**	Fecha: **01/02/20** **1er PROTOTIPO** / Talla **M**	

LATERAL, CANESÚ ESP. y PANEL
C110-2 (CHS)

SISA
C100-4 +SE

LATERAL MANGA y COSTURA de CODO
C110-2 (CHS)

trabilla regulable

PUÑO con ABERTURA

BORDE TRABILLA
HD190-4

COSTURA TRABILLA
DF210-3

HILO: marrón 2350 Coats / nr. 30 / 3 puntadas por cm

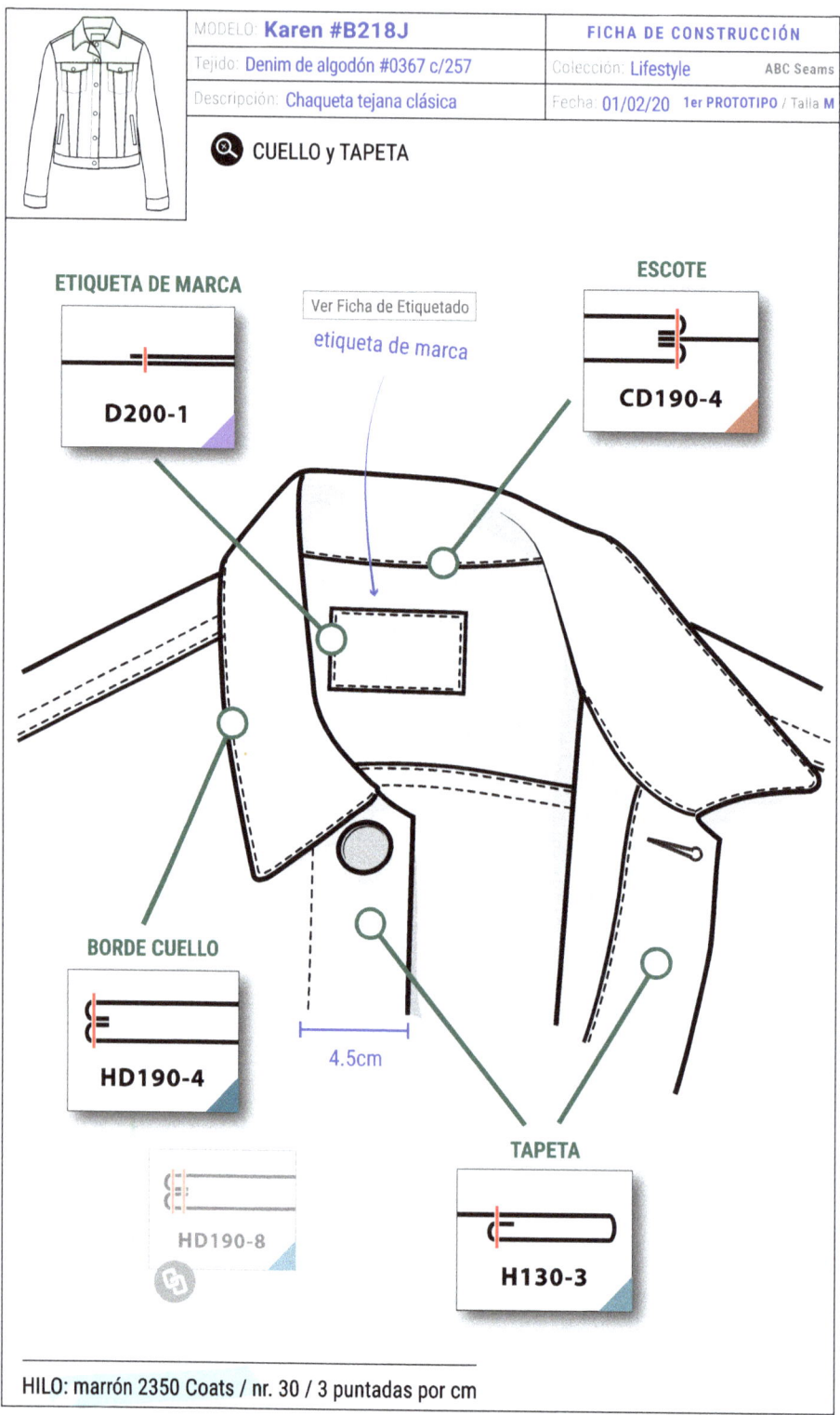

MODELO: **Karen #B218J**	FICHA DE CONSTRUCCIÓN	
Tejido: Denim de algodón #0367 c/257	Colección: **Lifestyle**	ABC Seams
Descripción: Chaqueta tejana clásica	Fecha: 01/02/20	**1er PROTOTIPO** / Talla **M**

PUÑO con ABERTURA

BORDE ABERTURA (superior)
H110-7

COSTURA de CODO
C110-2 (CHS)

BORDE ABERTURA (inferior)
H110-2

atacado

L/28

5cm

BORDE PUÑO
H160-1

COSTURA de PUÑO
CD190-4

HILO: marrón 2350 Coats / nr. 30 / 3 puntadas por cm

143

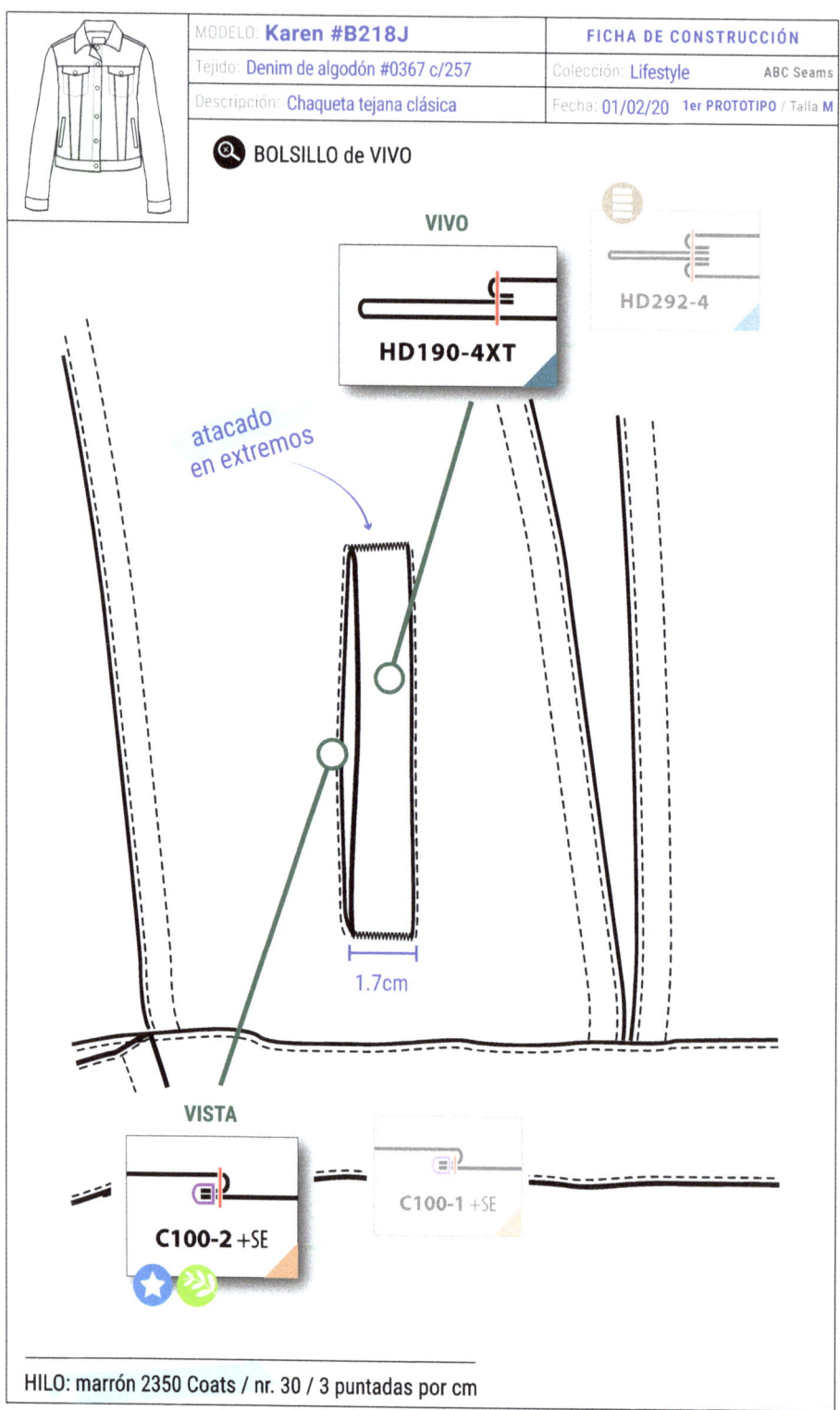

MODELO: **Karen #B218J**	**FICHA DE CONSTRUCCIÓN**	
Tejido: **Denim de algodón #0367 c/257**	Colección: **Lifestyle**	ABC Seams
Descripción: **Chaqueta tejana clásica**	Fecha: **01/02/20** **1er PROTOTIPO** / Talla **M**	

BOLSILLO INTERIOR

2 capas (tejido 2)

abertura

LATERAL

C110-2 (CHS)

J

LADO BOLSILLO

FORRO

HD190-1

HD190-4

HILO: marrón 2350 Coats / nr. 30 / 3 puntadas por cm

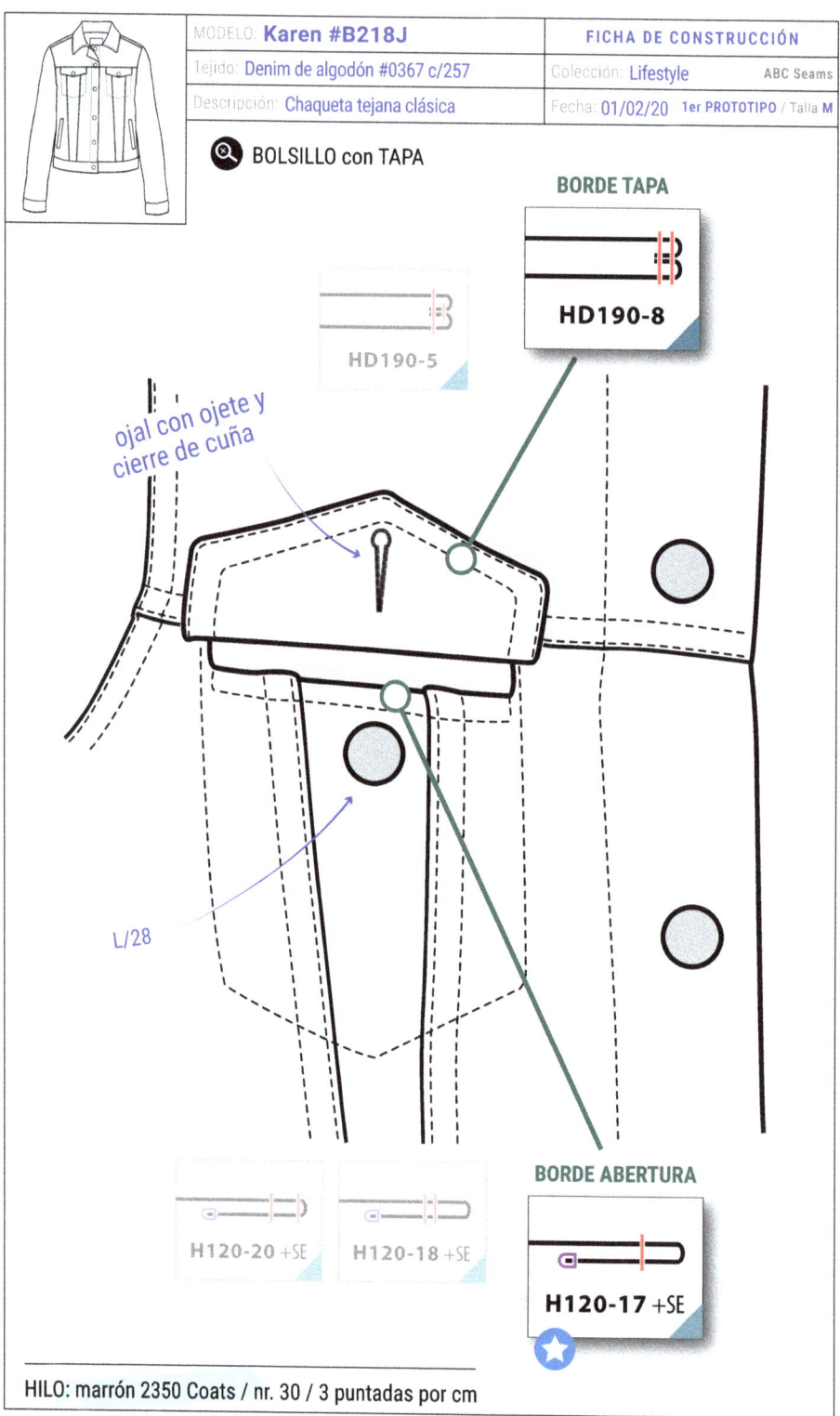

MODELO: **Karen #B218J**	FICHA DE CONSTRUCCIÓN	
Tejido: **Denim de algodón #0367 c/257**	Colección: **Lifestyle**	ABC Seams
Descripción: **Chaqueta tejana clásica**	Fecha: **01/02/20**	**1er PROTOTIPO** / Talla **M**

BOLSILLO con TAPA (interior)

COSTURA de TAPA
(costura de canesú del.)

C100-3 +SE

C100-4 +SE

BORDE FONDO BOLSILLO

D210-2x

D210-4x

HILO: marrón 2350 Coats / nr. 30 / 3 puntadas por cm

CAHQUETA BOMBER

Mark #B219W

Cuello alto

Forrada

Puños y bajo de rib

Abertura delantero con cremallera

Bolsillos con cremallera

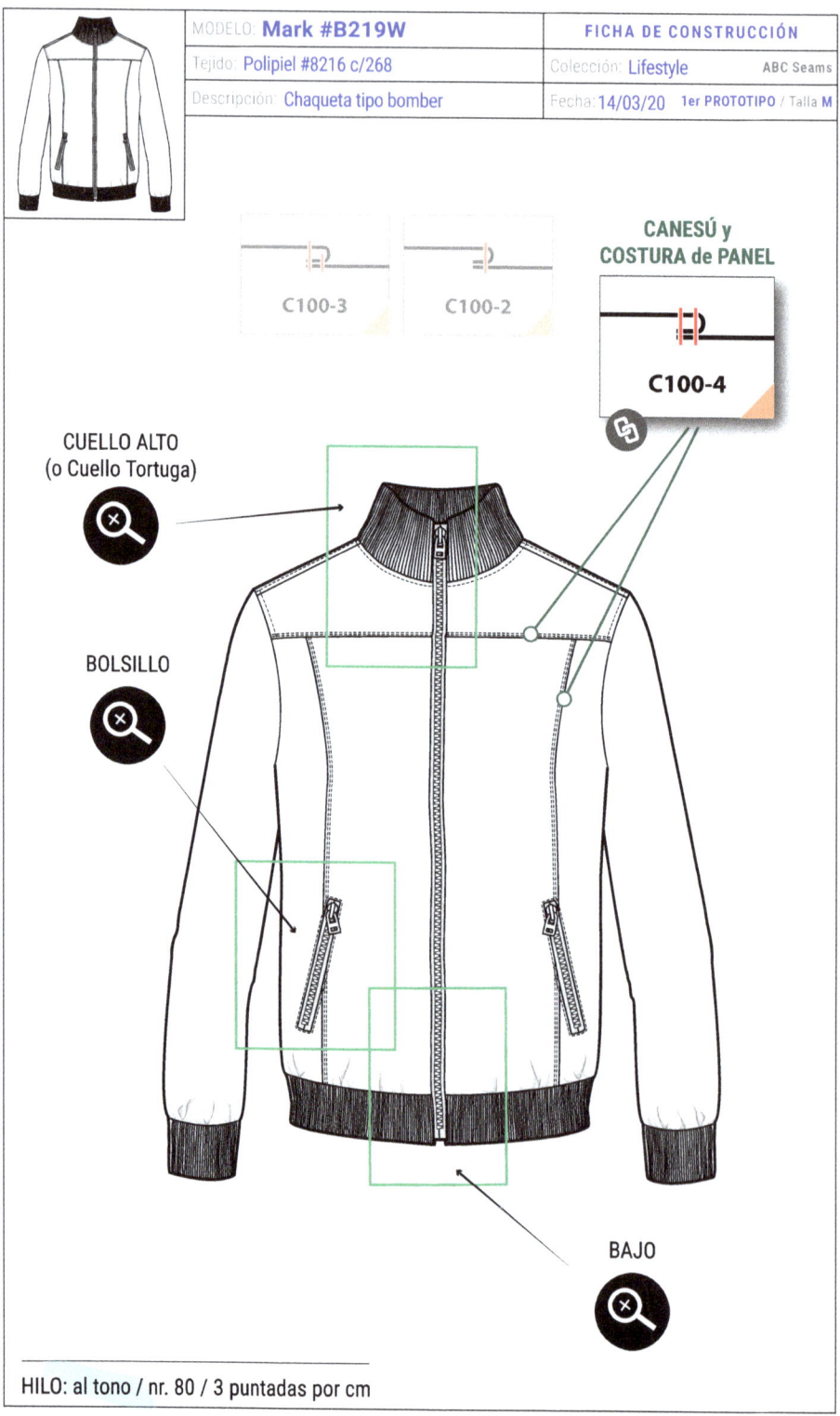

MODELO: **Mark #B219W**	FICHA DE CONSTRUCCIÓN	
Tejido: **Polipiel #8216 c/268**	Colección: **Lifestyle**	ABC Seams
Descripción: **Chaqueta tipo bomber**	Fecha: **14/03/20**	**1er PROTOTIPO** / Talla **M**

SISA ALTA
C100-3

SISA BAJA
C100-1

CANESÚ y COSTURA de PANEL
C100-4

PUÑO

LATERAL
C100-1

C100-1 +SE

frunces

HILO: al tono / nr. 80 / 3 puntadas por cm

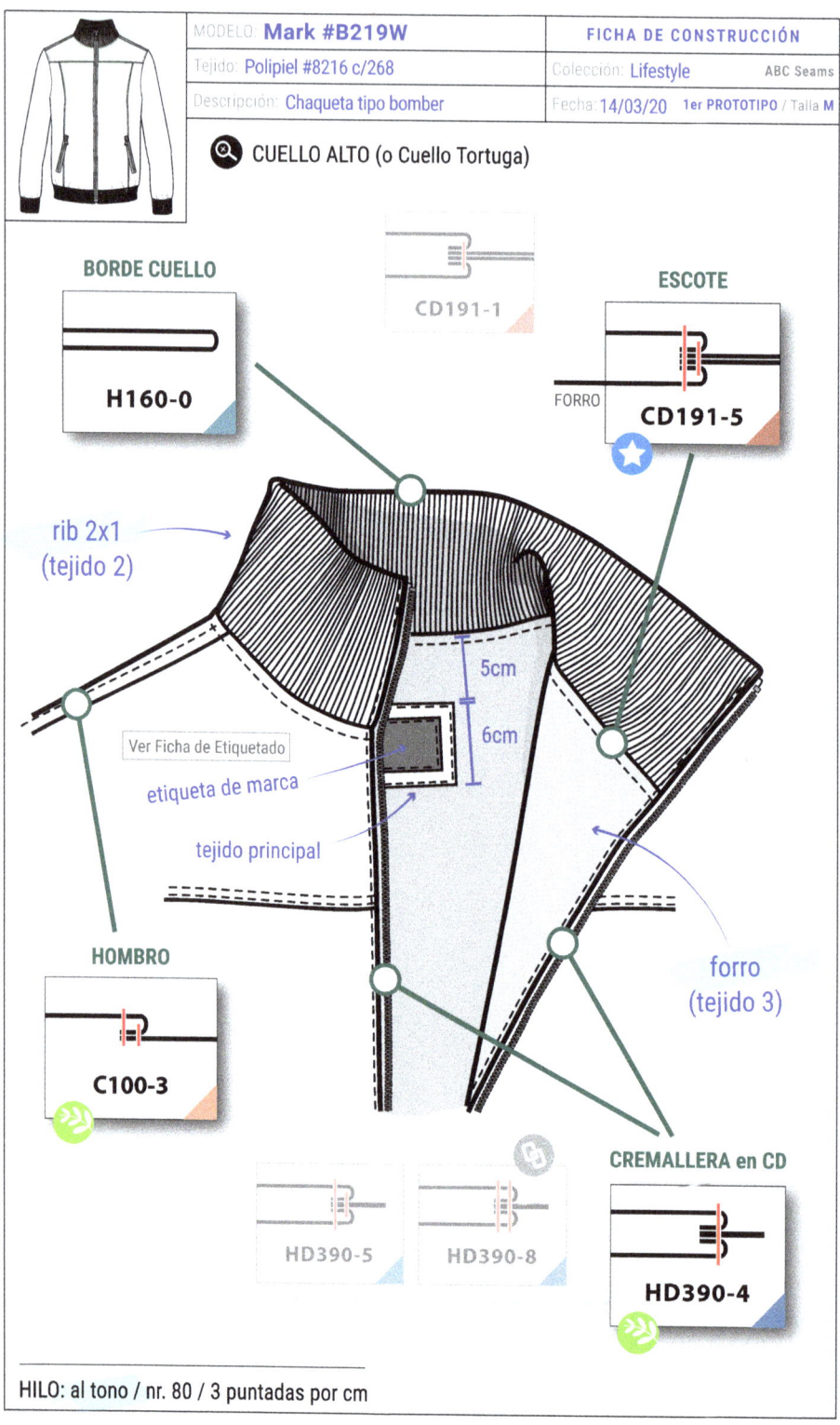

MODELO: **Mark #B219W**	FICHA DE CONSTRUCCIÓN	
Tejido: Polipiel #8216 c/268	Colección: Lifestyle	ABC Seams
Descripción: Chaqueta tipo bomber	Fecha: 14/03/20 1er PROTOTIPO / Talla M	

BAJO

COSTURA del BAJO

FORRO

CD191-1

CD191-4

CD191-5

forro
(tejido 3)

BORDE BAJO

H160-0

rib 2x1
(tejido 2)

HILO: al tono / nr. 80 / 3 puntadas por cm

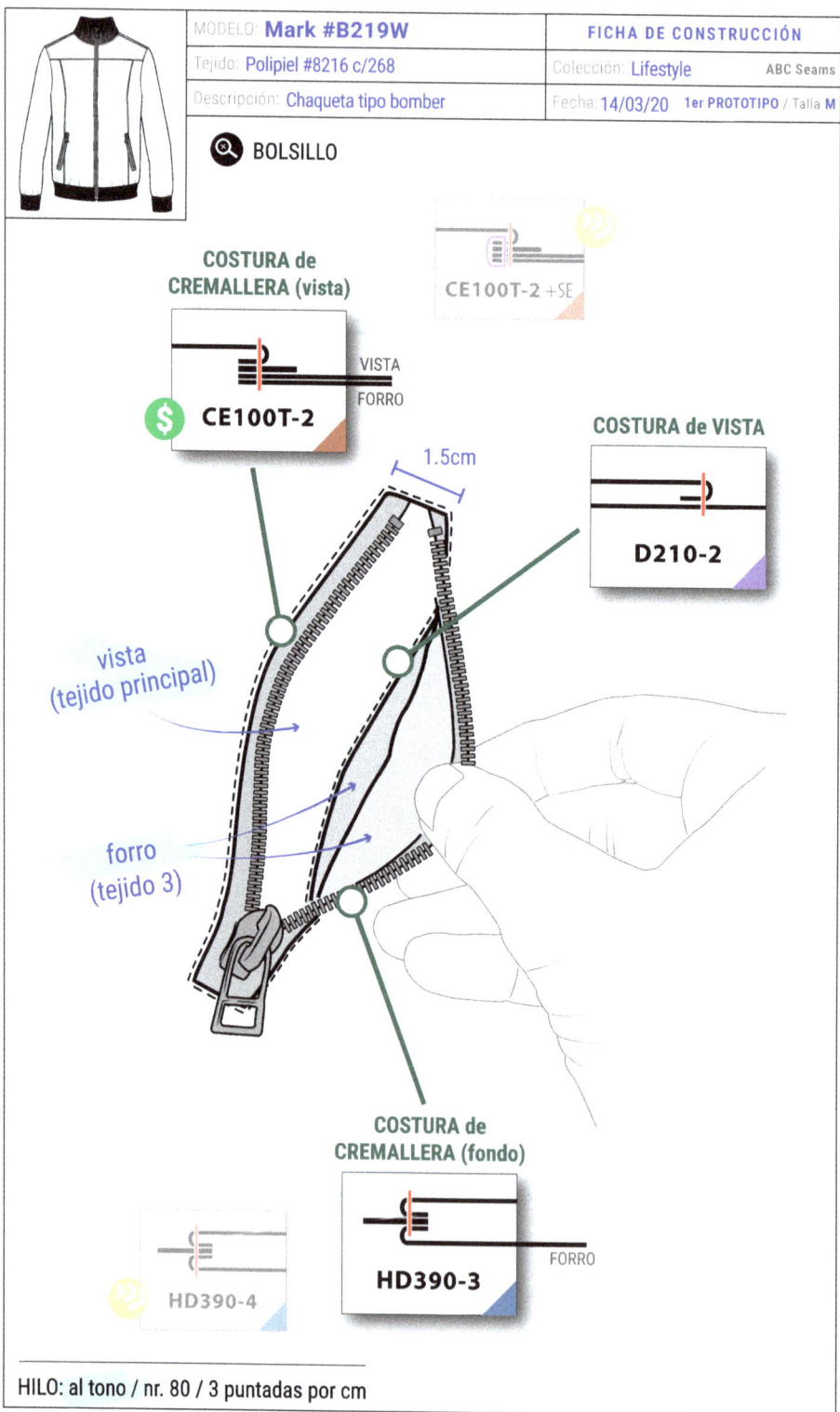

MODELO: **Mark #B219W**	FICHA DE CONSTRUCCIÓN	
Tejido: **Polipiel #8216 c/268**	Colección: **Lifestyle**	ABC Seams
Descripción: **Chaqueta tipo bomber**	Fecha: **14/03/20** **1er PROTOTIPO** / Talla **M**	

PUÑO 🔍

BORDE PUÑO

H160-0

rib 2x1
(tejido 2)

forro
(tejido 3)

COSTURA del PUÑO

FORRO

CD191-1

CD191-4

CD191-5

HILO: al tono / nr. 80 / 3 puntadas por cm

PARKA
Lisa #B220W

Sin forrar (costuras envivadas)
Capucha oversize
Bolsillos escondidos
Cinturón y pasadores en laterales
Fuelle en centro espalda

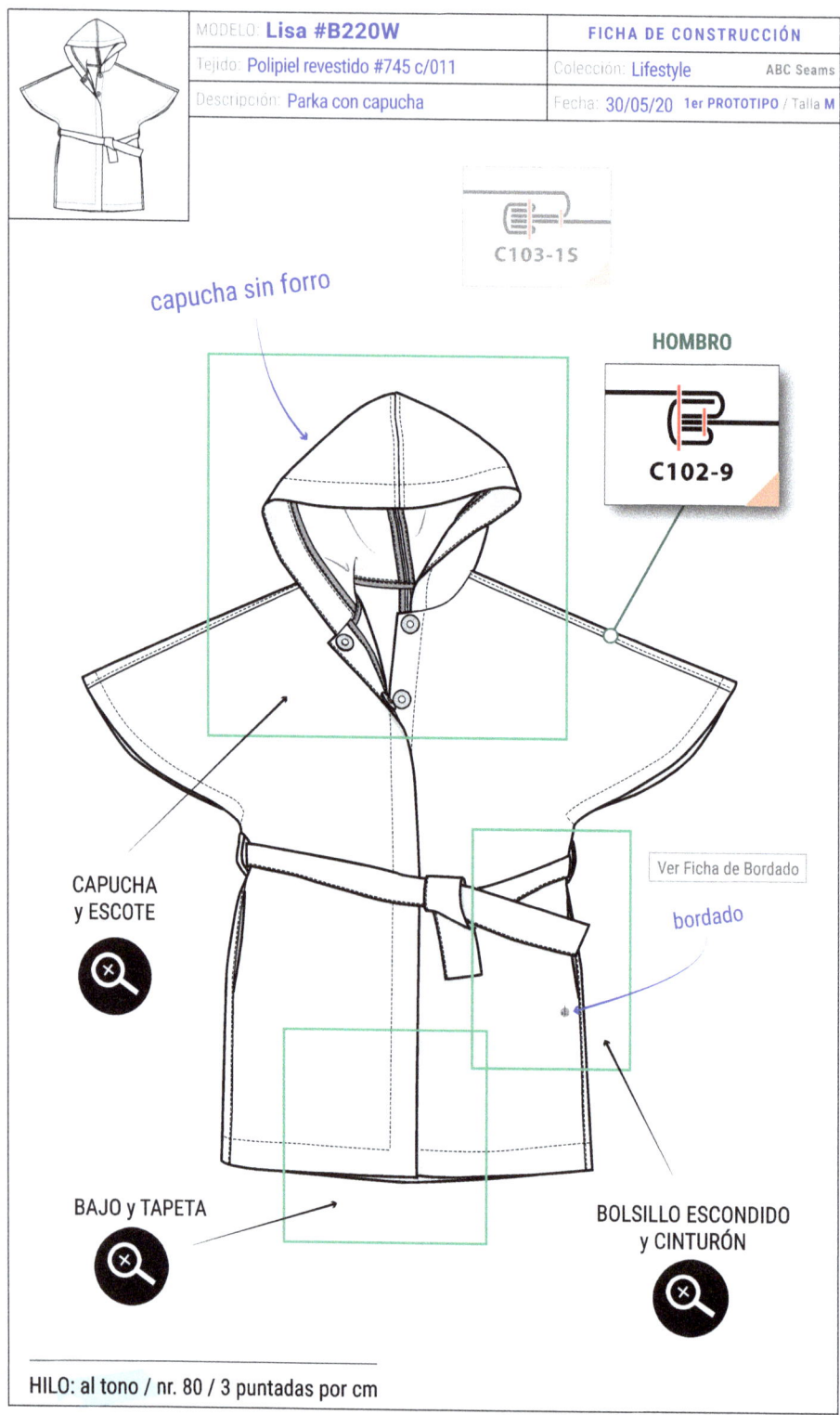

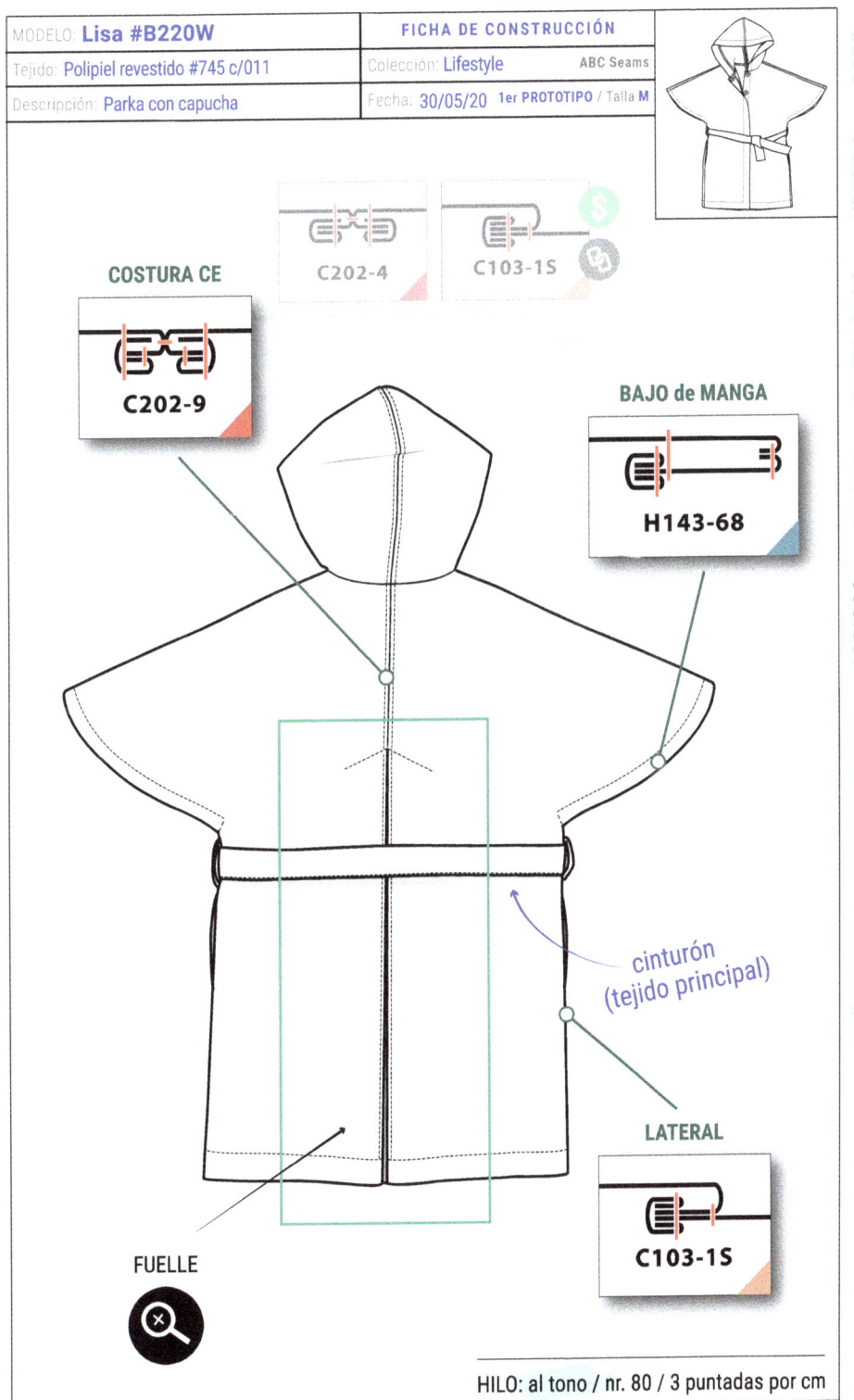

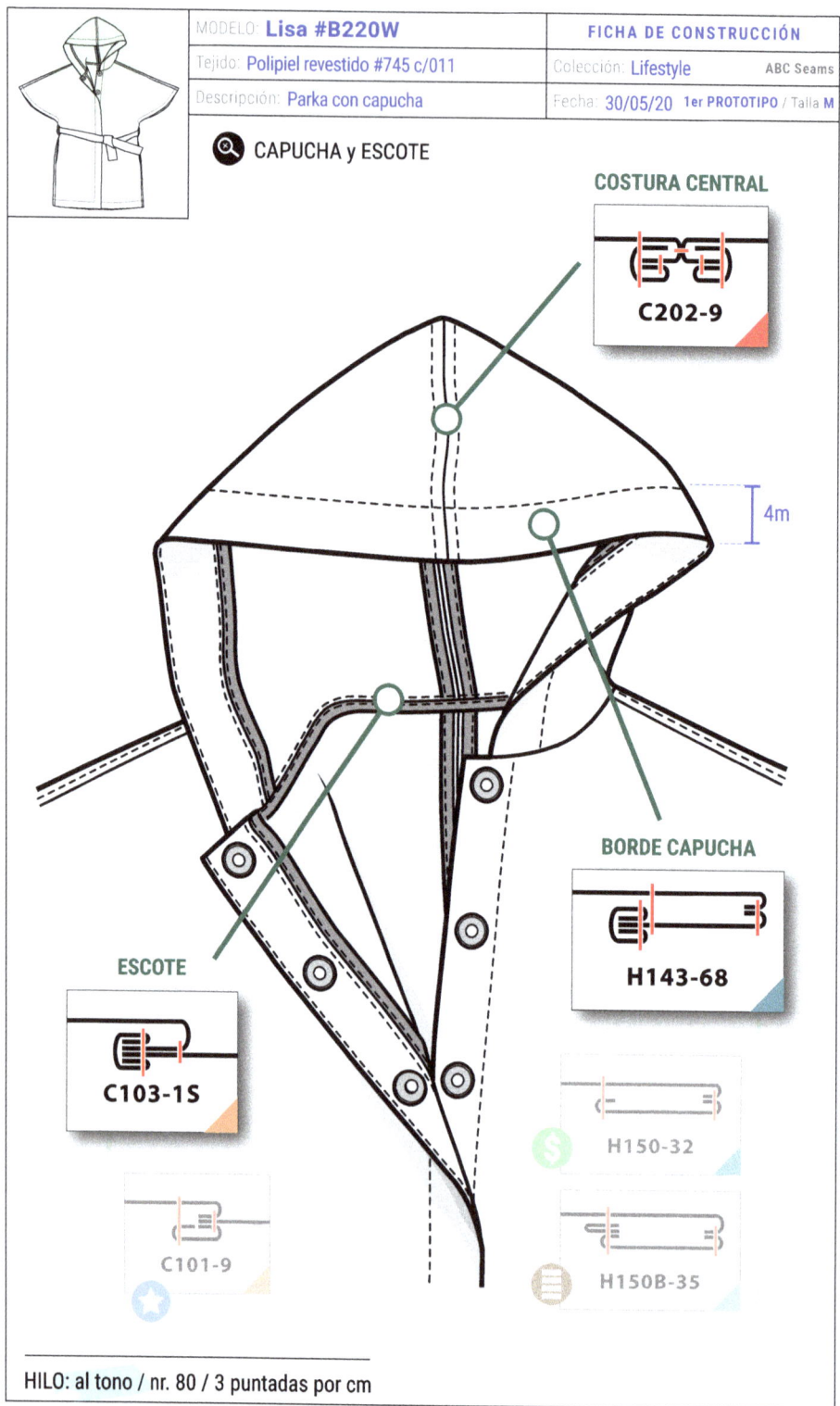

MODELO: **Lisa #B220W**	FICHA DE CONSTRUCCIÓN	
Tejido: **Polipiel revestido #745 c/011**	Colección: **Lifestyle**	ABC Seams
Descripción: **Parka con capucha**	Fecha: **30/05/20** **1er PROTOTIPO** / Talla **M**	

BAJO y TAPETA

TAPETA SUPERIOR

H143-68

4m

TAPETA INTERIOR

H130-3

botón a presión
L/30

4cm

BAJO

H150B-35

H130B-3

H130-3

HILO: al tono / nr. 80 / 3 puntadas por cm

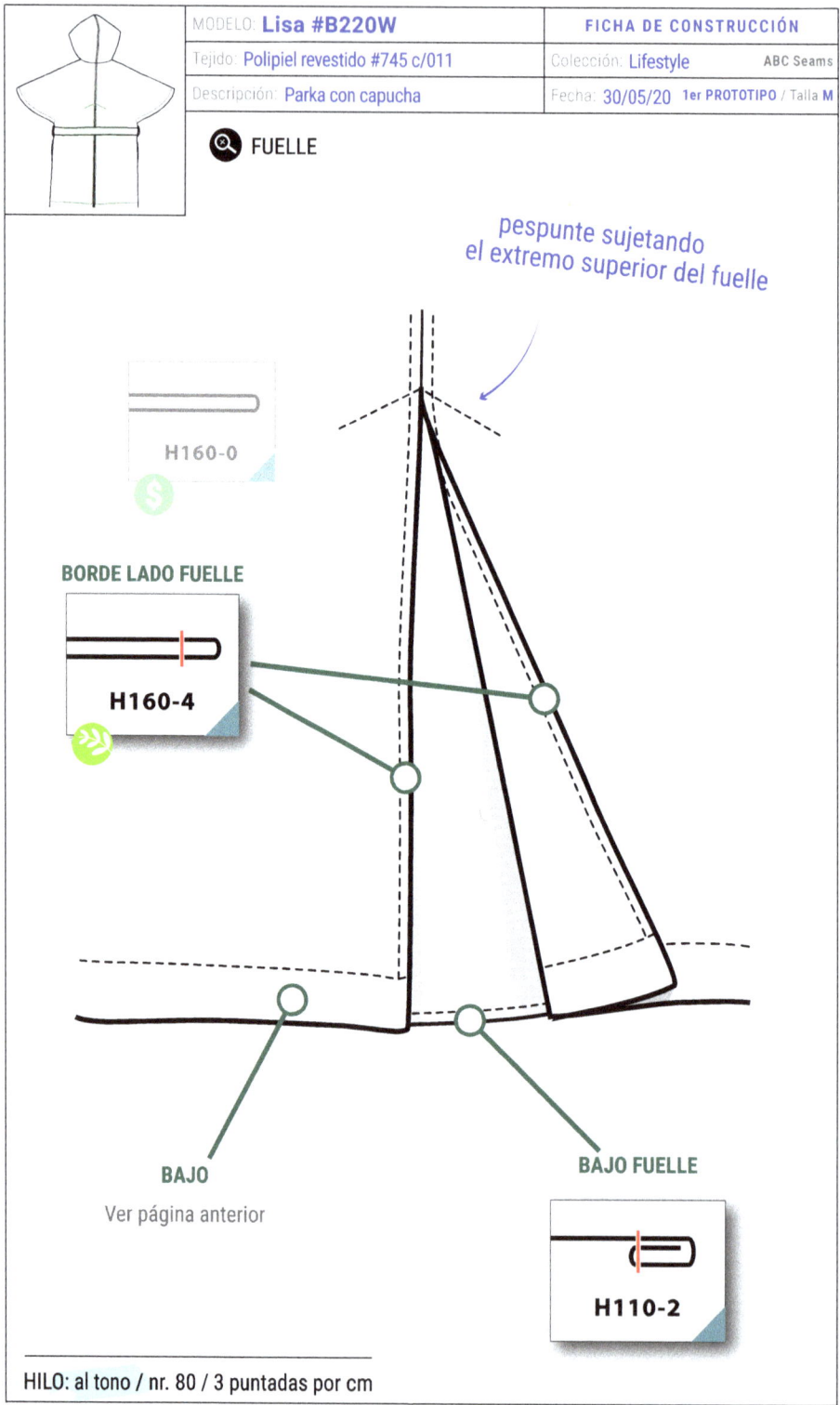

MODELO: **Lisa #B220W**	FICHA DE CONSTRUCCIÓN
Tejido: Polipiel revestido #745 c/011	Colección: Lifestyle ABC Seams
Descripción: Parka con capucha	Fecha: 30/05/20 1er PROTOTIPO / Talla M

FUELLE (interior)

CENTRO ESPALDA
Ver boceto de espalda

HD200-2R

HD000-3 +SE

BORDE INTERIOR FUELLE

HD200-1R

HILO: al tono / nr. 80 / 3 puntadas por cm

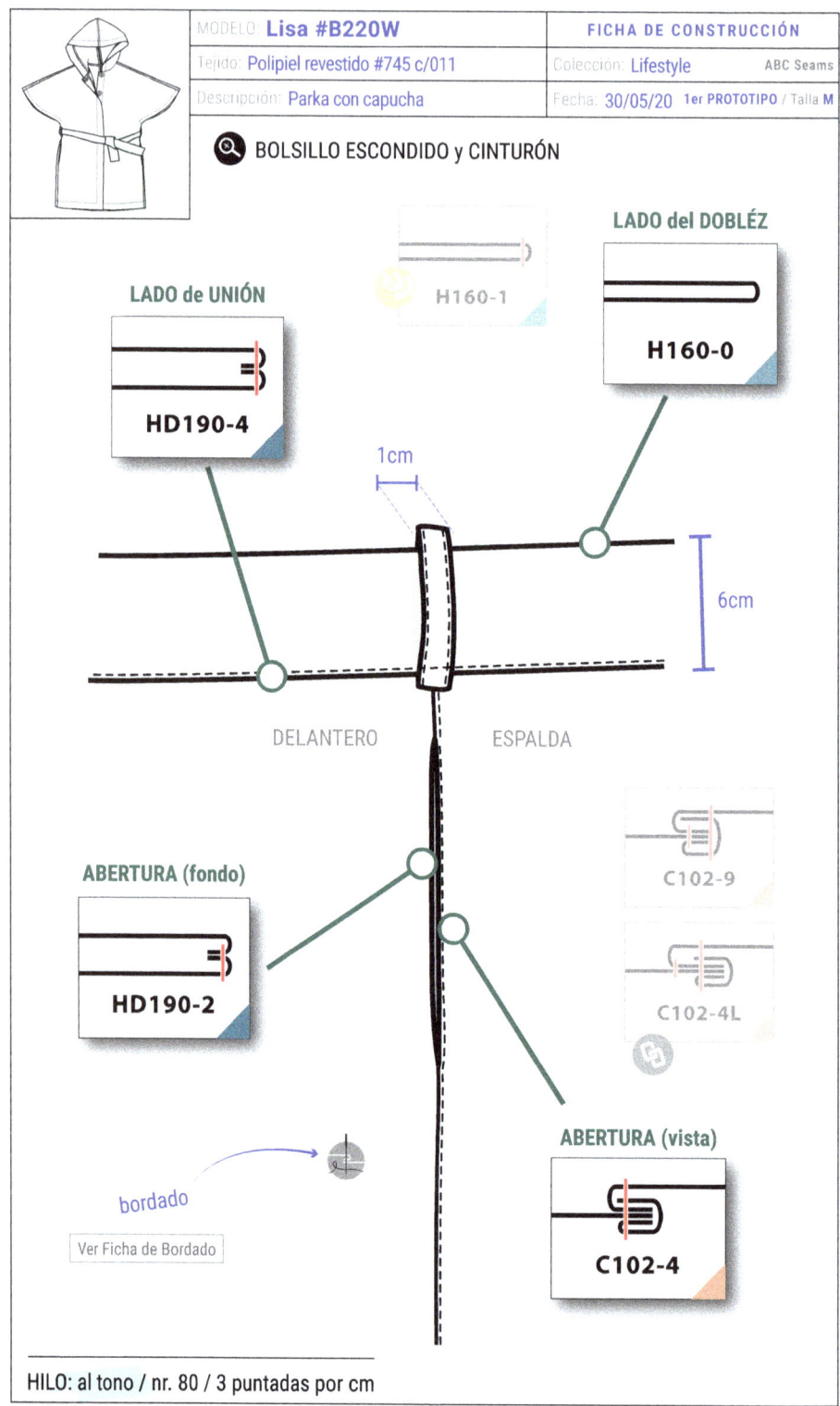

MODELO: **Lisa #B220W**	**FICHA DE CONSTRUCCIÓN**	
Tejido: **Polipiel revestido #745 c/011**	Colección: **Lifestyle** ABC Seams	
Descripción: **Parka con capucha**	Fecha: **30/05/20** **1er PROTOTIPO** / Talla **M**	

BOLSILLO ESCONDIDO (interior)

BORDE FODNO BOLSILLO

HD200-1

HD200-1R

sujetador del fondo de bolsillo

LATERAL
Ver boceto de espalda

HILO: al tono / nr. 80 / 3 puntadas por cm

BRAGAS

Stella #B221K and Sally #B222K

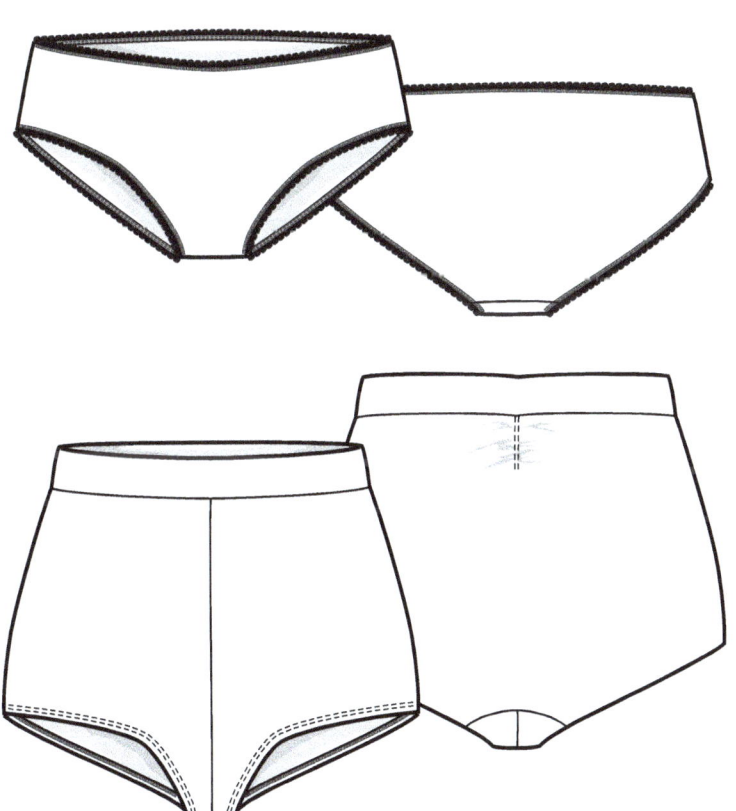

Cantos con blonda decorativa

Cinturilla ancha

Frunce en CE

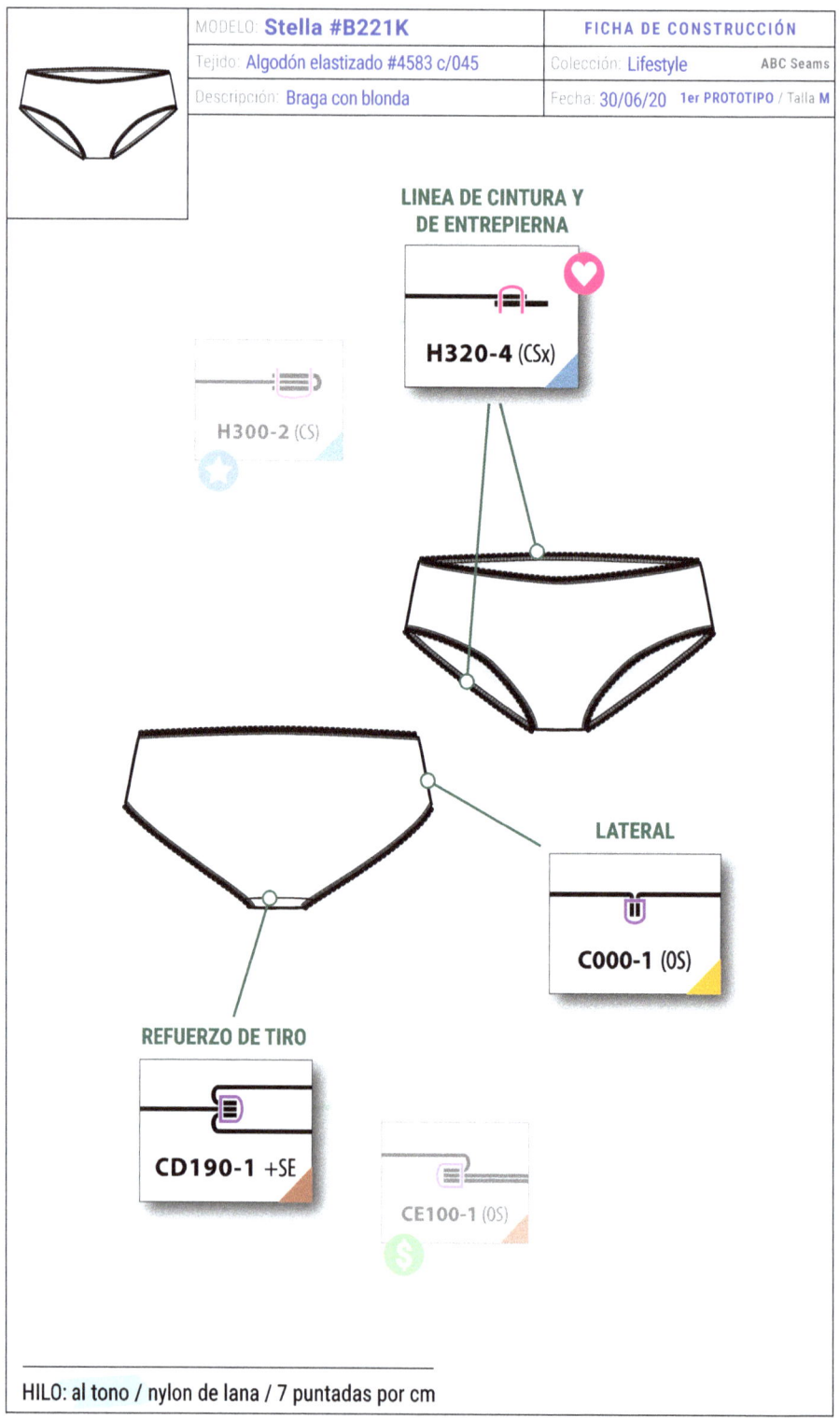

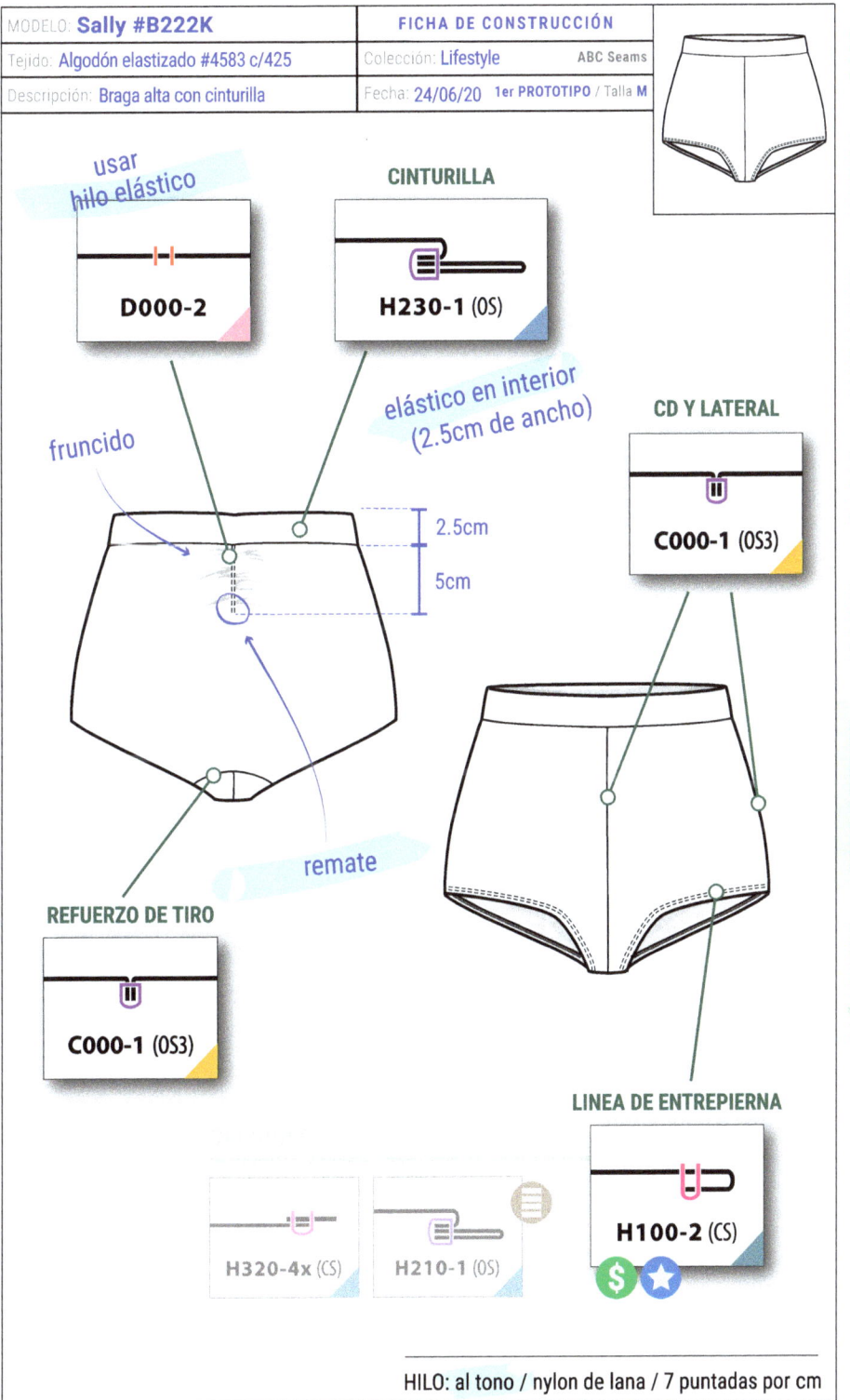

SUJETADOR

Barbara #B223K and Michelle #B224K

Tirantes regulables

Elástico de lencería (fantasía)

Cantos envivados y con elástico

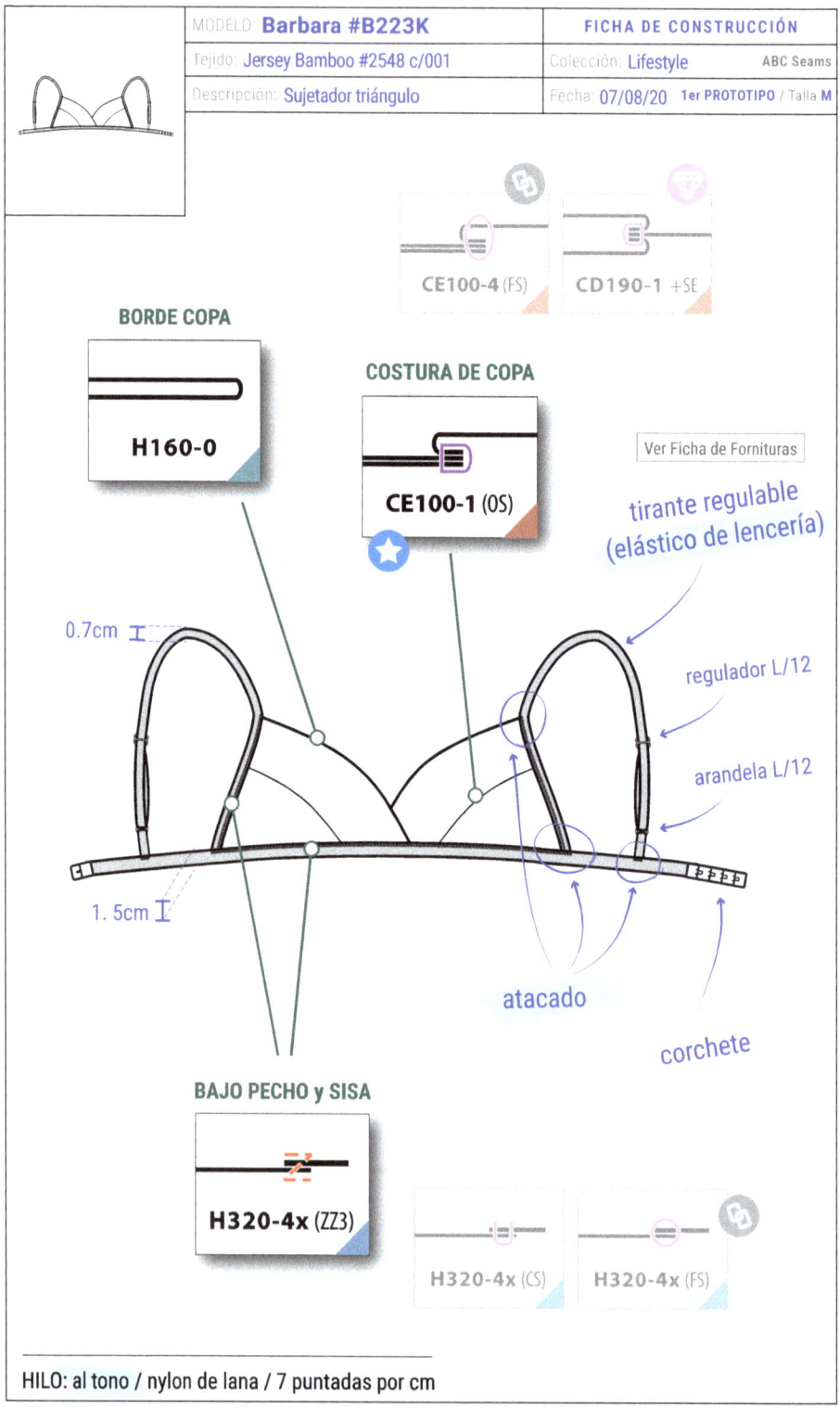

MODELO: **Michelle #B224K**	FICHA DE CONSTRUCCIÓN	
Tejido: **Algodón elastizado #4583 c/425**	Colección: **Lifestyle**	ABC Seams
Descripción: **Sujetador deportivo**	Fecha: **26/08/20** **1er PROTOTIPO** / Talla **M**	

ESCOTE y SISA

H200-1 (CHS)

H200-2 (CS)

H200-2 (FS)

LATERAL

C000-1 (OS)

agregar elástico (3cm de ancho)

BAJO

3cm

H120-3 (CS)

H230-4 (CS)

H230-1 (OS)

HILO: al tono / nylon de lana / 7 puntadas por cm

BIKINI

Sarah #B225K and Anna #B226K

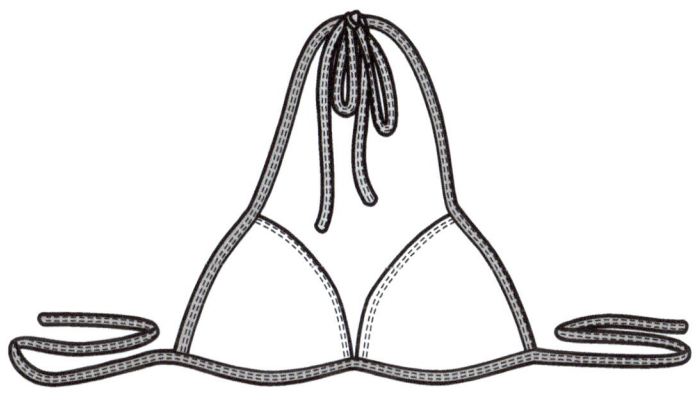

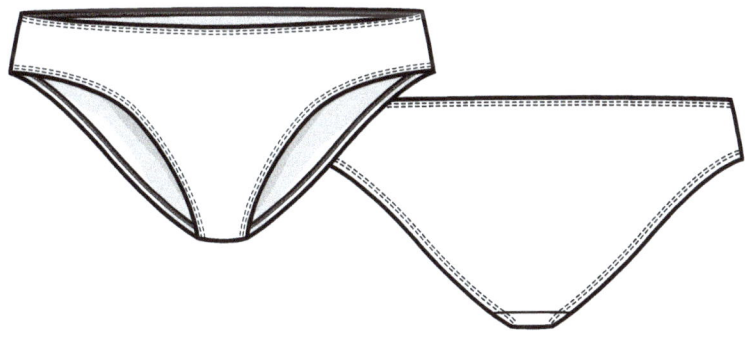

Delantero forrado

Canto con elástico interno

Canto envivado (embudo)

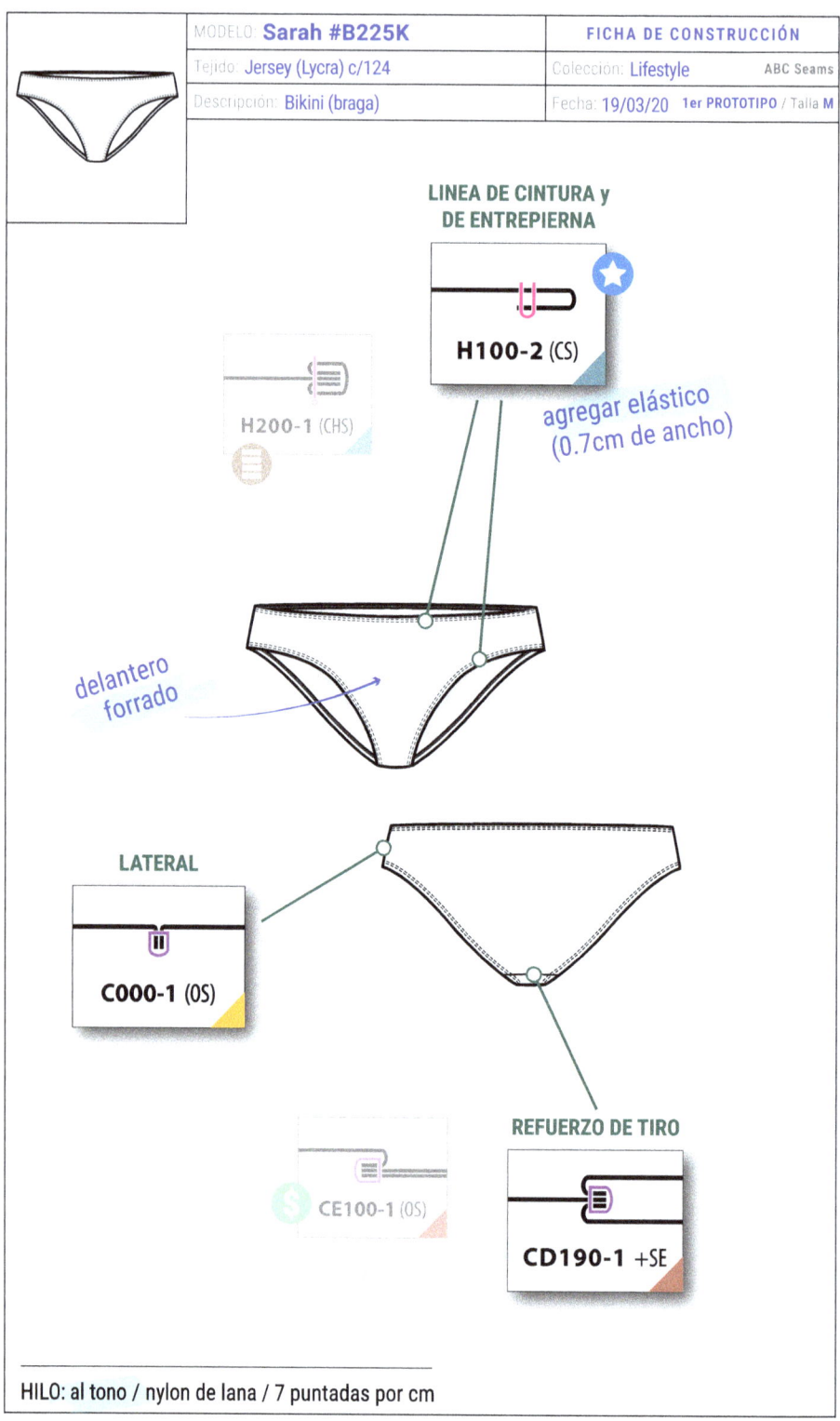

MODELO: **Anna #B226K**	**FICHA DE CONSTRUCCIÓN**	
Tejido: **Jersey (Lycra) c/124**	Colección: **Lifestyle** — ABC Seams	
Descripción: **Bikini (top)**	Fecha: **26/01/20** 1er **PROTOTIPO** / Talla **M**	

STRAPS

T300-2 (CS)

T200-2 (CS)

con forro

1cm

agregar elástico
(0.7cm de ancho)

BAJO PECHO y LATERAL COPA

HD300-2 (CS)

BORDE COPA

H100-2 (CS)

HD200-2 (CS)

HILO: **al tono** / **nylon de lana** / **7 puntadas por cm**

BAÑADORES

BAÑADOR ENTERO

Rita #B227K

Delantero forrado

Canto con elástico en interior

Canto envivado (embudo)

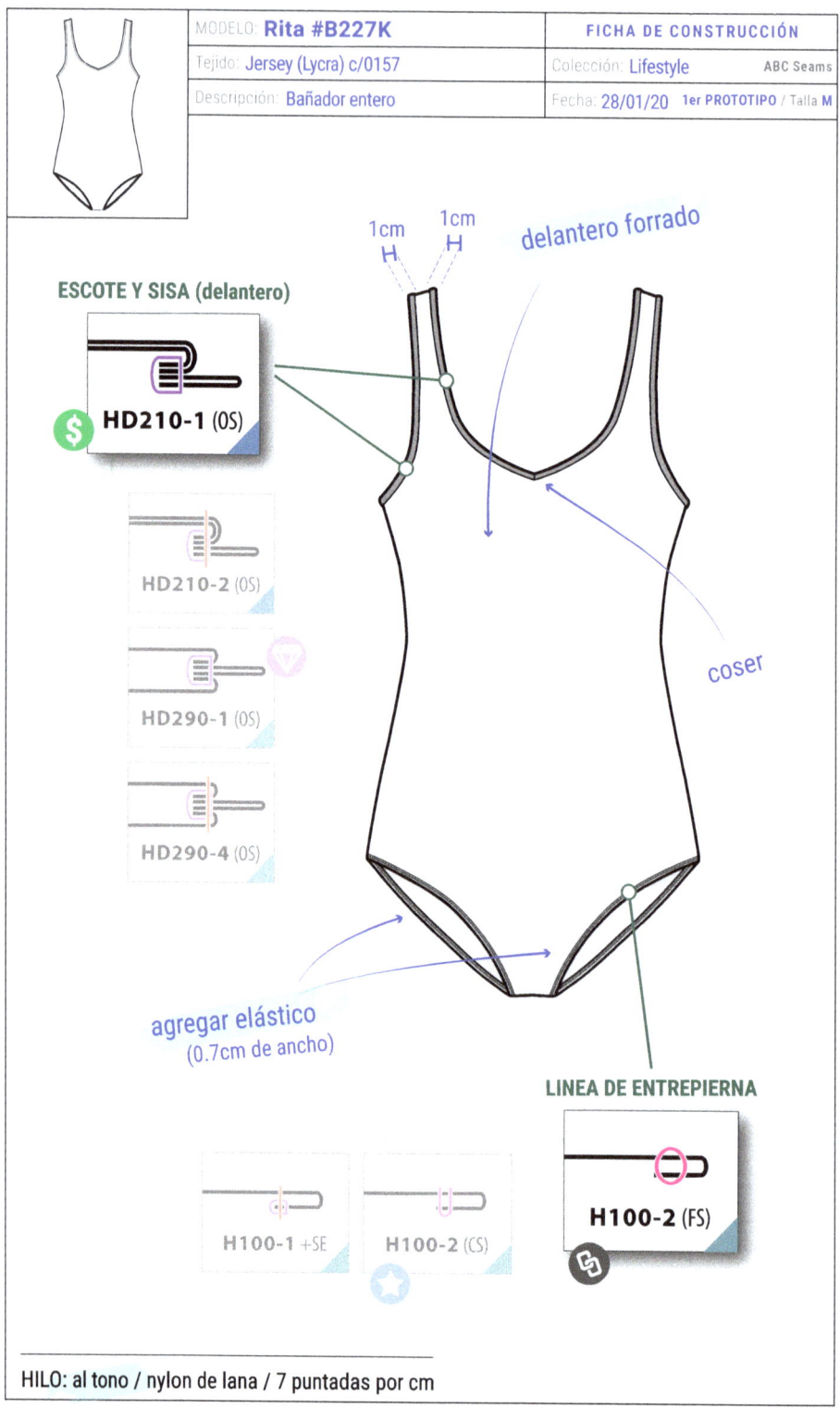

MODELO: **Rita #B227K**	FICHA DE CONSTRUCCIÓN	
Tejido: **Jersey (Lycra) c/0157**	Colección: **Lifestyle**	ABC Seams
Descripción: **Bañador entero**	Fecha: **28/01/20** 1er **PROTOTIPO** / Talla **M**	

ESCOTE y SISA (espalda)

H210-1 (OS)

LATERAL y HOMBRO

C000-1 (OS)

coser

REFUERZO DE TIRO

CD190-1 +SE

CE100-1 (OS)

HILO: al tono / nylon de lana / 7 puntadas por cm

Tercera Parte

MATERIAL DE REFERENCIA

FICHAS TÉCNICAS

TABLA DE MEDIDAS

PRUEBA DE CALCE (comentarios)

FICHA DE ESTAMPADO

FICHA DE BORDADO

CARTA DE COLOR

FICHA DE FORNITURAS / AVÍOS

FICHA DE ETIQUETADO

**FICHA DE CALIDADES
(tejidos y colores)**

FICHA DE ESCALADO

FICHA DE DESGLOCE

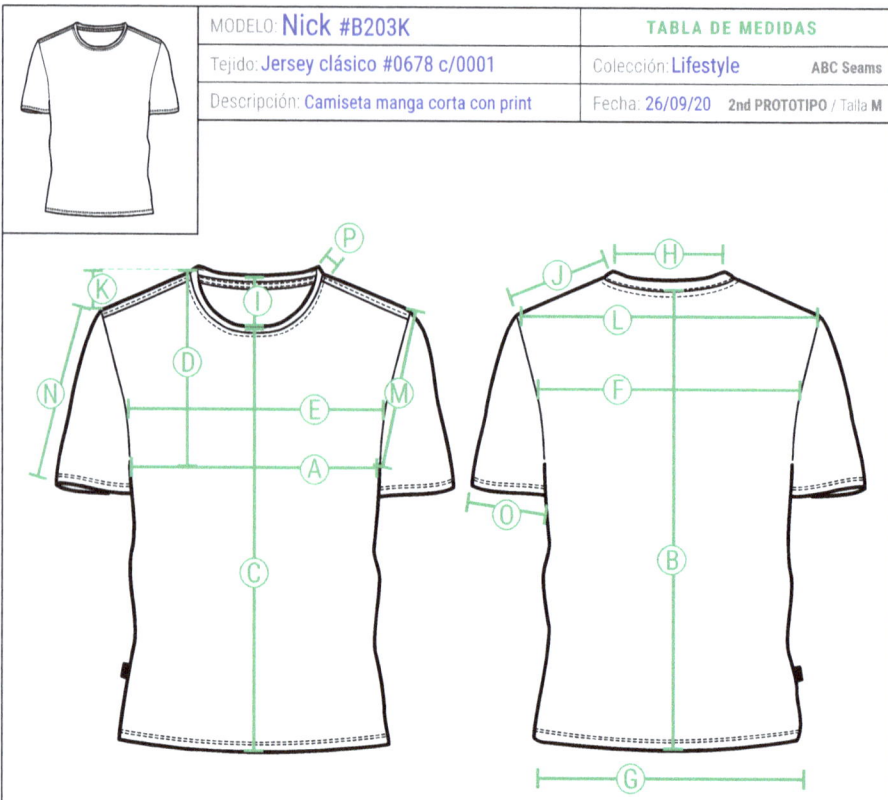

		1er PROTOTIPO		2º PROTOTIPO		
		M	proto	M	proto	Tolerancia
A	Ancho de Pecho	54	55	54		+/- 1cm
B	Largo CE	72	71	72		+/- 1cm
C	Largo CD	61	60	60		+/- 1cm
D	Altura Del Pecho	25	25	25		+/- 1cm
E	Ancho de Tórax	38	38.5	38		+/- 1cm
F	Ancho de Espalda	40	40	40		+/- 1cm
G	Ancho de Bajo	54	56	54		+/- 1cm
H	Ancho de Escote	22.5	22	22.5		+/- 1cm
I	Prof. Escote Del.	10	9.5	11		+/- 0,5cm
J	Largo de Hombro	12	11.5	12		+/- 0,5cm
K	Caída de Hombro	4	4	4		+/- 0,5cm
L	Ancho de Hombro	45	46.5	45		+/- 1cm
M	Largo de Sisa (recta)	26	26	26		+/- 1cm
N	Largo de Manga	17	16	20		+/- 1cm
O	Ancho Bajo de Manga	17	17	17		+/- 0,5cm
P	Ancho de Vivo Escote	1.5	1.5	1.5		+/- 0,2cm

● fuera de medida: ajustar el patrón   ● nueva medida: ajustar patrón

MODELO: **Nick** #B203K	**PRUEBA DE CALCE**
Tejido: **Jersey clásicoy** #0678	Colección: **Lifestyle** ABC Seams
Descripción: **Camiseta manga corta con print**	Fecha: **26/09/20** 1st PROTOTIPO / Talla **M**

COMENTARIOS

PATRÓN Y CALCE

Algunas medidas están fuera de tolerancia (G y L) y otras deben ajustarse (I y N). Por favor, ajustar el patrón siguiendo la tabla de medidas.

CONFECCIÓN

La prenda se ve bien en general.

- Costura de hombro: agregar pespunte básico en la espalda (a 1cm del canto) como ha sido requerido. Por favor, seguir la ficha de construcción / ver costura C100-3 (OS)

MATERIALES

Cinta de pulido escote: la cinta es demasiado gruesa. Por favor, enviar opciones más finas y flexibles para ser aprobadas para pro-ducción.

NUEVOS REQUERIMIENTOS

Seguir los comentarios de esta ficha y enviar un 2do prototipo en talla M.

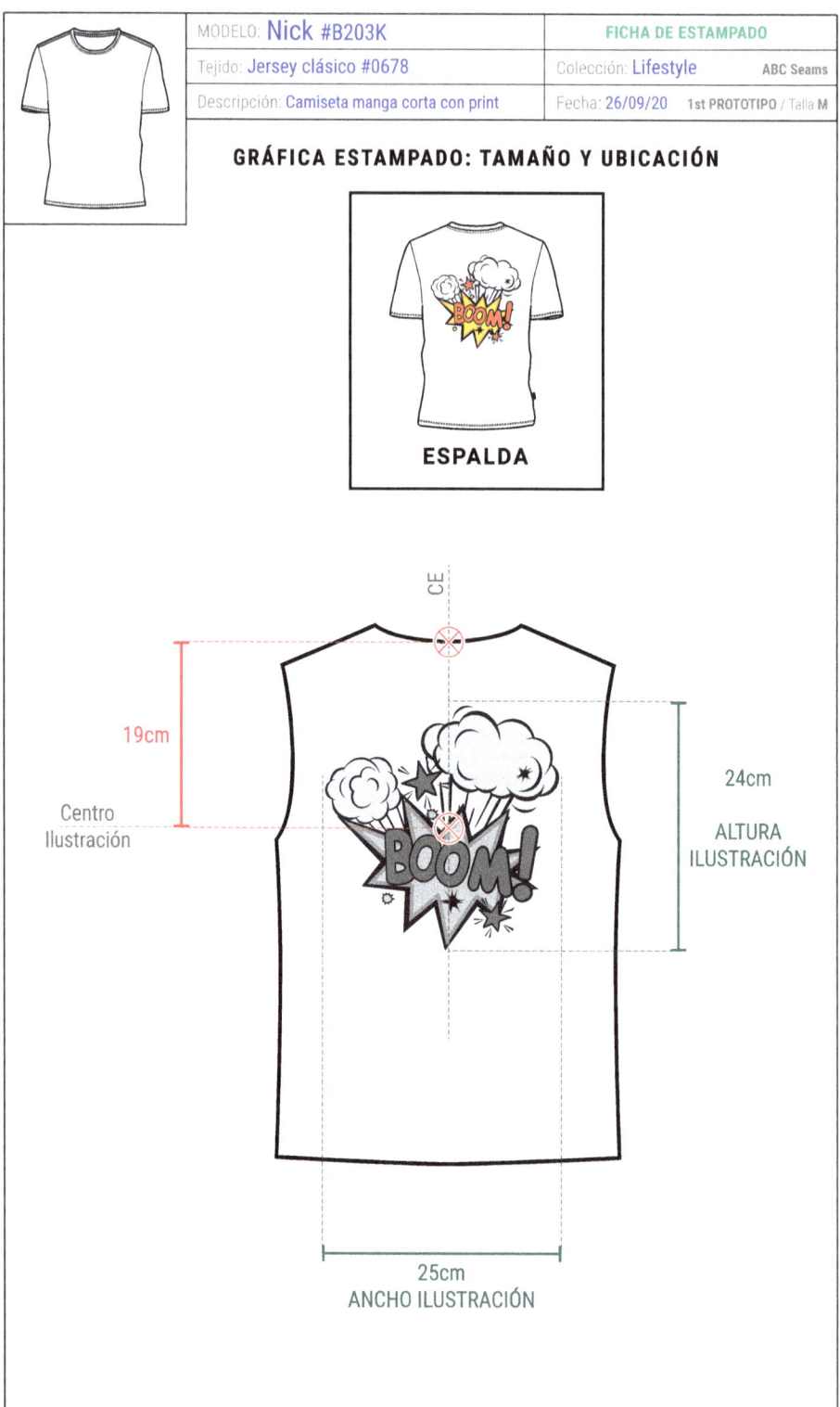

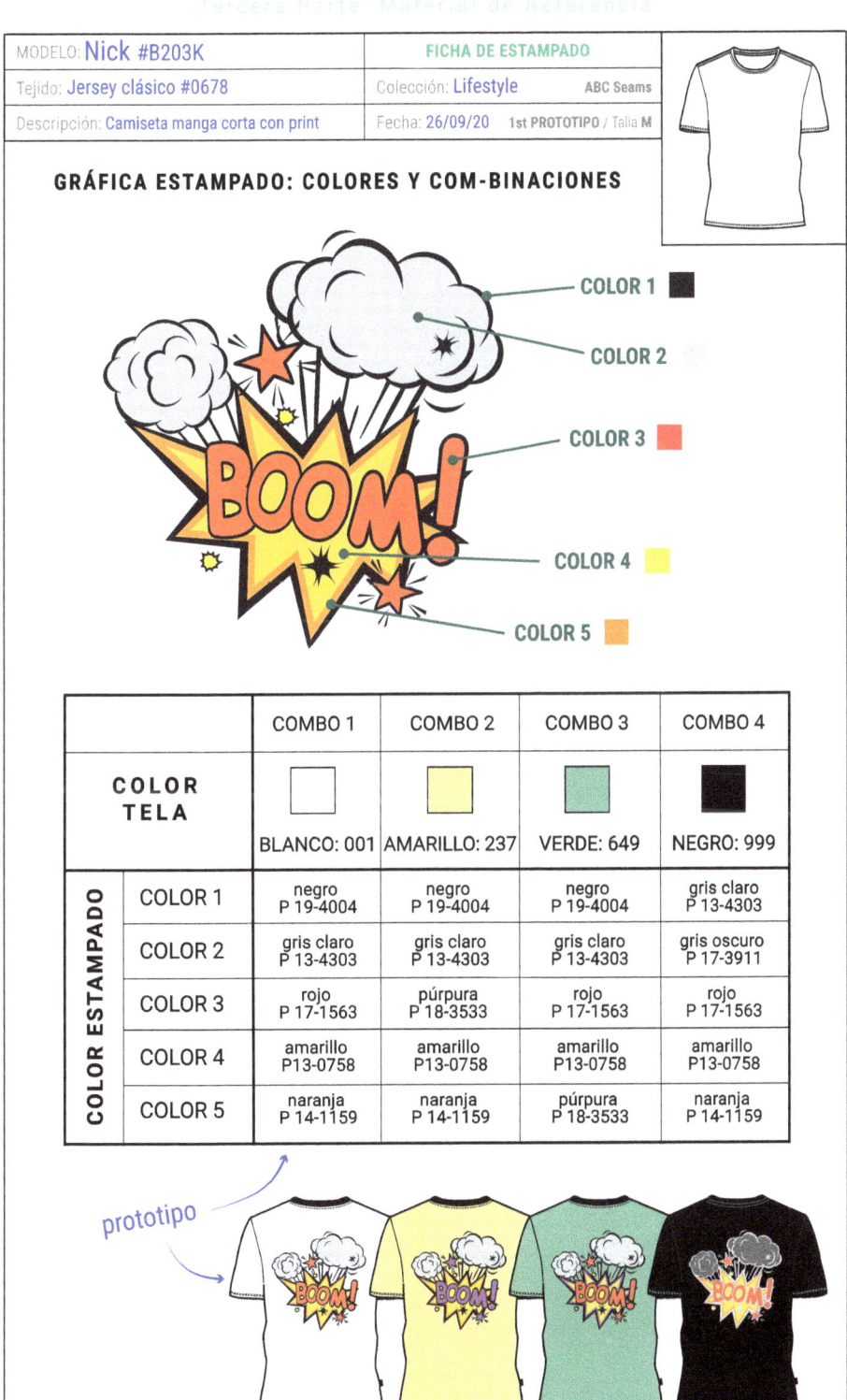

	MODELO: **Richard** #B204K		**FICHA DE BORDADO**	
	Tejido: **Piqué de algodón c/0001**		Colección: **Lifestyle**	ABC Seams
	Descripción: **Polo slim fit**		Fecha: **06/12/20** 1st PROTOTIPO / Talla **M**

GRÁFICA BORDADO: TAMAÑO Y UBICACIÓN

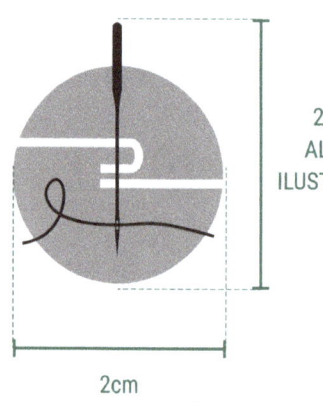

2,5cm
ALTURA ILUSTRACIÓN

2cm
ANCHO ILUSTRACIÓN

DELANTERO

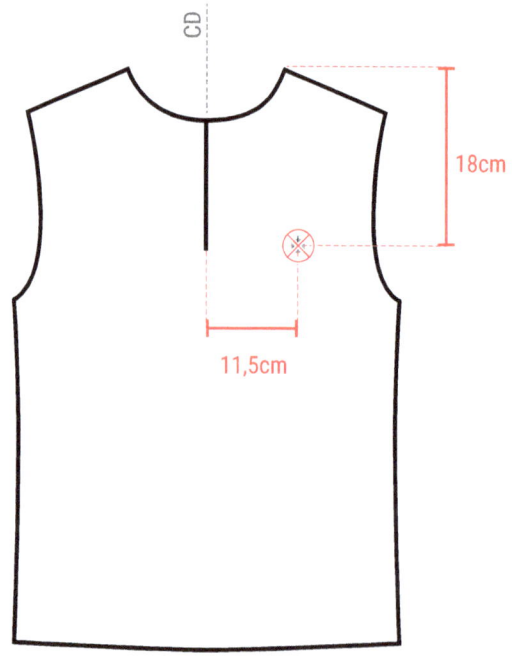

CD

18cm

11,5cm

MODELO: **Richard** #B204K	FICHA DE BORDADO	
Tejido: Piqué de algodón c/0001	Colección: Lifestyle ABC Seams	
Descripción: Polo slim fit	Fecha: 06/12/20 1st PROTOTIPO / Talla M	

GRÁFICA BORDADO: COLORES Y COMBINACIONES

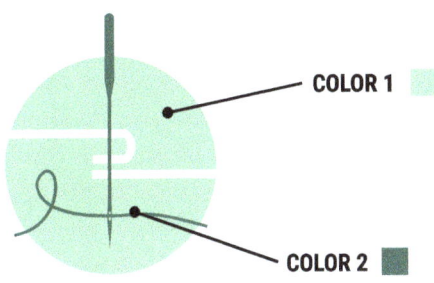

COLOR 1
COLOR 2

COLOR TELA		BLANCO: 001	AMAR.: 237	VERDE: 649	NEGRO: 999
BORDADO	COLOR 1	verde claro B5251	amarillo cla B1181	verde claro B5251	verde P 13-4303
	COLOR 2	verde oscuro B5235	amarillo oscuro B1464	verde oscuro B5235	verde oscuro B5235

hilo: **Coats Silko** / nr 100

Prototipo

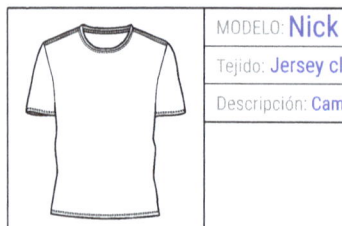

MODELO: **Nick** #B203K	CARTA DE COLOR	
Tejido: **Jersey clásico #0678**	Colección: **Lifestyle**	**ABC Seams**
Descripción: **Camiseta manga corta con print**	Fecha: **26/09/20** **1st PROTOTIPO** / Talla **M**	

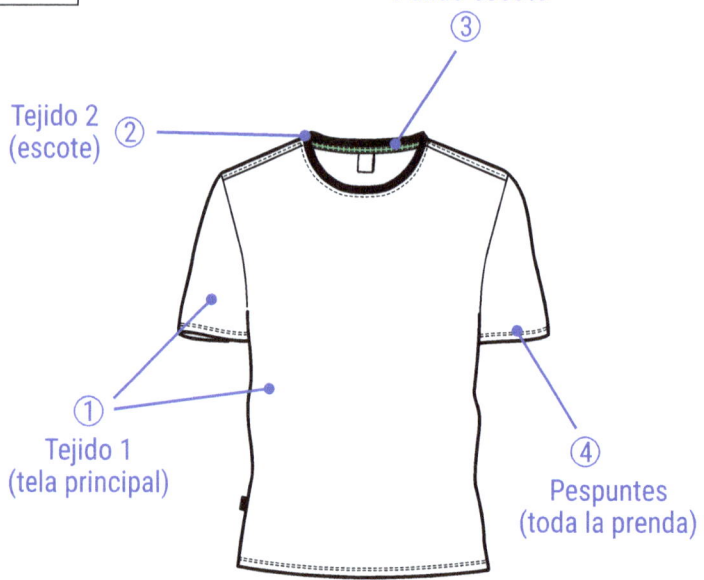

Pulido escote ③

Tejido 2 (escote) ②

① Tejido 1 (tela principal)

④ Pespuntes (toda la prenda)

		COMBO 1	COMBO 2	COMBO 3	COMBO 4
TEJIDOS	① **TELA PPAL.**	BLANCO: 001	AMAR.: 237	VERDE: 649	NEGRO: 999
	② Tejido 2	negro c/ 999	negro c/ 999	negro c/ 999	negro c/ 999
FORNITURAS	③ Pulido escote	verde P 16-5938	verde P 16-5938	verde P 16-5938	verde P 16-5938
	④ Pespunte	al tono	al tono	al tono	verde P 16-5938

MODELO: **Nick** #B203K	**CARTA DE COLOR**	
Tejido: **Jersey clásico #0678**	Colección: **Lifestyle**	ABC Seams
Descripción: **Camiseta manga corta con print**	Fecha: **26/09/20** **1st PROTOTIPO** / Talla **M**	

COMBO 1

COMBO 2

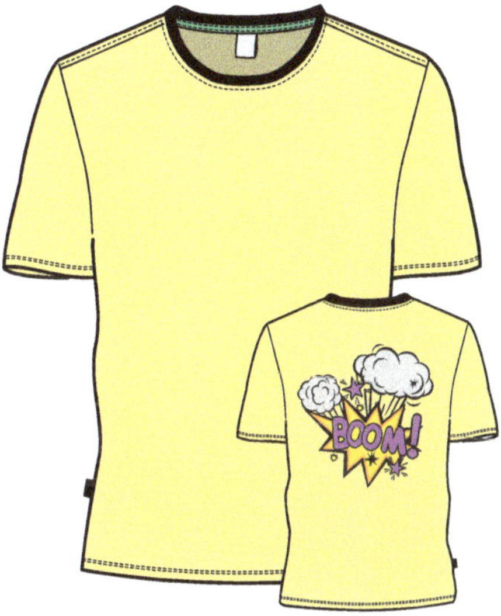

COMBO 3

COMBO 4

MODELO: **Richard** #B204K	**FICHA DE FORNITURAS**
Tejido: **Piqué de algodón c/0001**	Colección: **Lifestyle** — ABC Seams
Descripción: **Polo slim fit**	Fecha: **06/12/20** 1st **PROTOTIPO** / Talla **M**

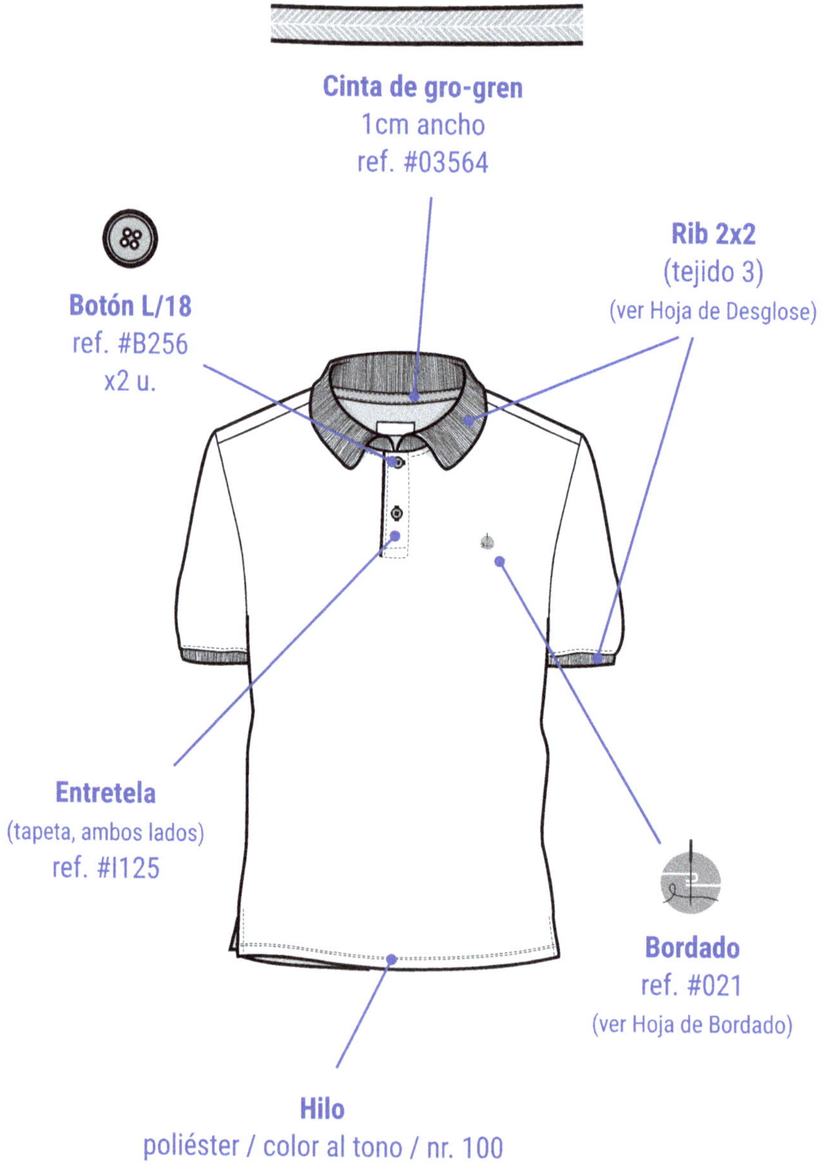

Cinta de gro-gren
1cm ancho
ref. #03564

Rib 2x2
(tejido 3)
(ver Hoja de Desglose)

Botón L/18
ref. #B256
x2 u.

Entretela
(tapeta, ambos lados)
ref. #I125

Bordado
ref. #021
(ver Hoja de Bordado)

Hilo
poliéster / color al tono / nr. 100

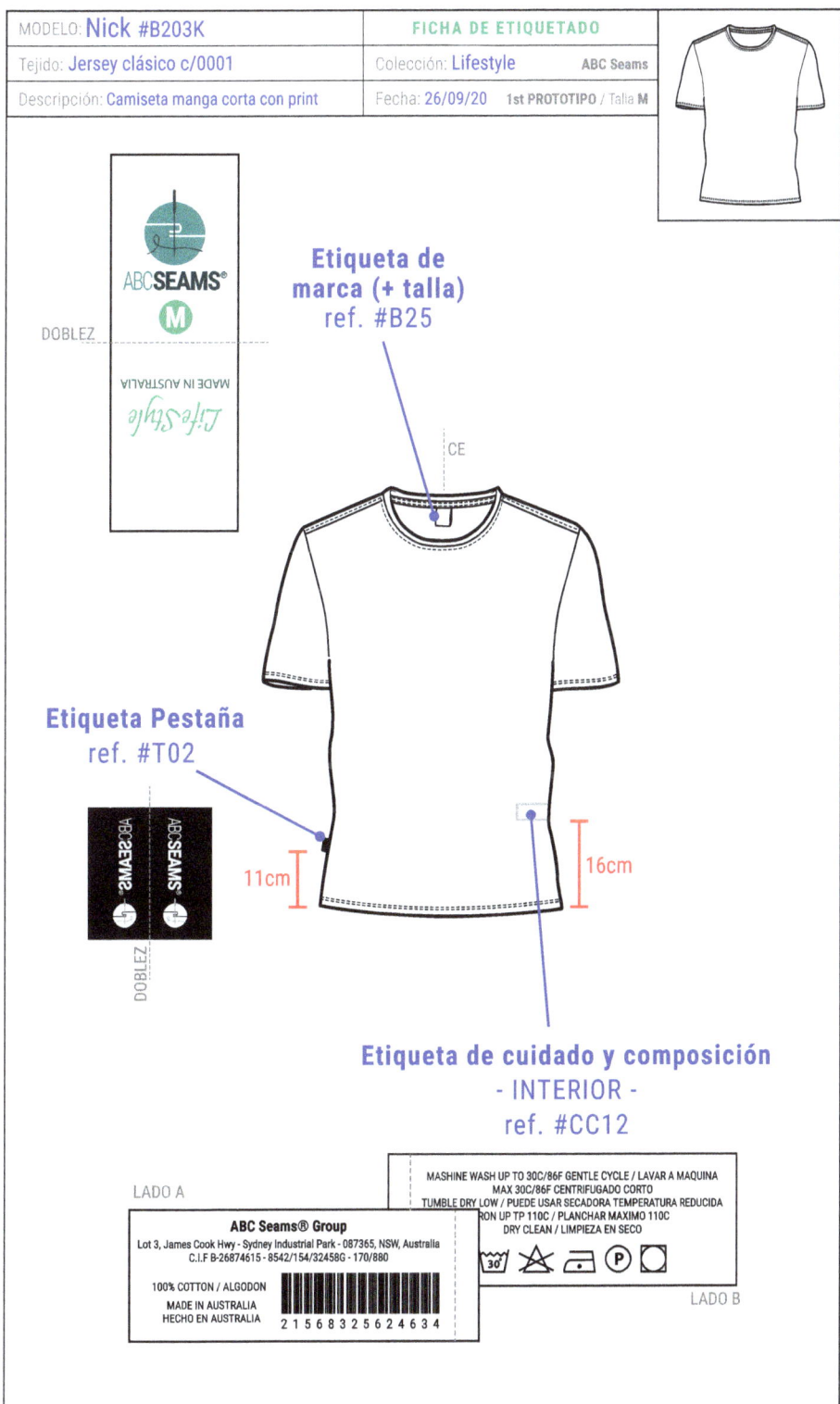

MODELO: **Nick** #B203K	FICHA DE CALIDADES y COLOR
Tejido: Jersey clásico #0678 c/0001	Colección: **Lifestyle** — ABC Seams
Descripción: Camiseta manga corta con print	Fecha: 26/09/20 2nd PROTOTIPO / Talla **M**

LGS CREATIONS
Knitted and Woven Fabrics Export
335 Dominion Road, Warana, 3065 (NSW)
Ph: +61 07 9146 3698

COLOR LAB DIPS
We are herewith submitting color lab dips as per your request for approval.
Please advise your approval and/or comments as soon as possible. Thank you.

Date: 30-04-2020

Fabric: *Classic Interlock Jersey*   Fabric Ref: *#0678*
Colour: *Wild Green 16-5422 TCX*   Color Code: *649*

Option A

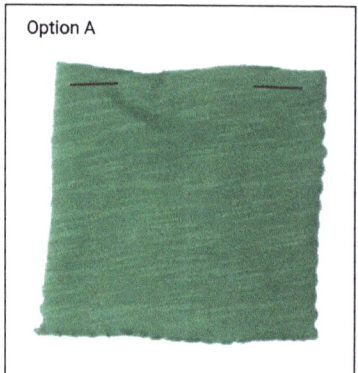

Option B

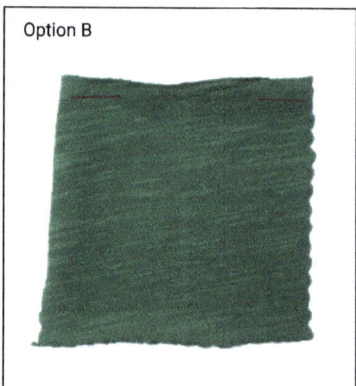

Option C

Option D

MODELO: **Nick** #B203K	FICHA DE ESCALADO	
Tejido: **Jersey clásico** #0678	Colección: **Lifestyle**	ABC Seams
Descripción: **Camiseta manga corta con print**	Fecha: **26/09/20** **1st PROTOTIPO** / Talla **M**	

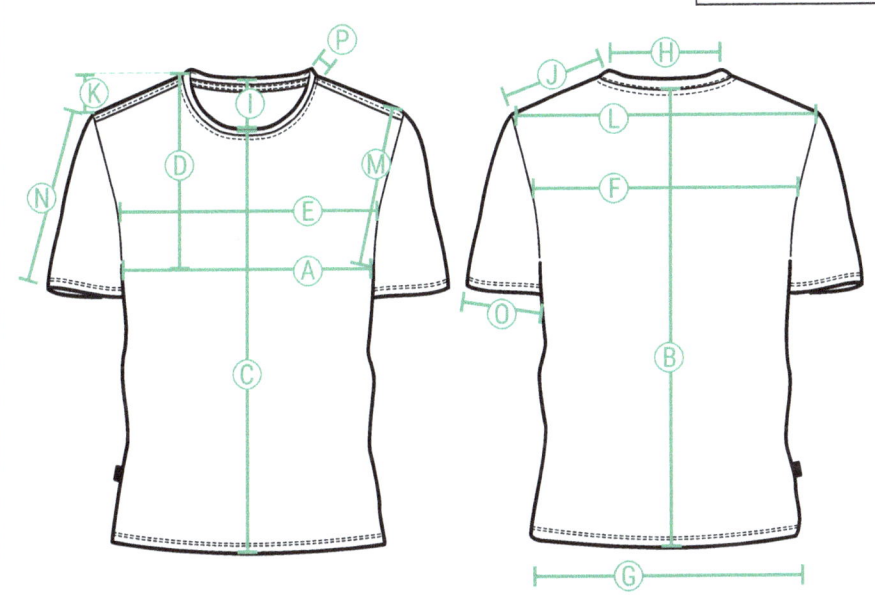

		XS	S	M	L	XL	Tolerancia
A	Ancho de Pecho	51	52.5	54	55.5	57	+/- 1cm
B	Largo CE	71	71.5	72	72.5	73	+/- 1cm
C	Largo CD	59	59.5	60	60.5	61	+/- 1cm
D	Altura Del Pecho	24.5	24.75	25	25.25	25.5	+/- 1cm
E	Ancho de Tórax	35	36.5	38	39.5	41	+/- 1cm
F	Ancho de Espalda	37	38.5	40	41.5	43	+/- 1cm
G	Ancho de Bajo	51	52.5	54	55.5	57	+/- 1cm
H	Ancho de Escote	21.5	22	22.5	23	23.5	+/- 0,5cm
I	Prof. Escote Del.	11	11	11	11	11	+/- 0,5cm
J	Largo de Hombro	10.5	11.25	12	12.75	13.5	+/- 0,5cm
K	Caída de Hombro	3.5	3.75	4	4.25	4.5	+/- 0,5cm
L	Ancho de Hombro	42	43.5	45	46.5	48	+/- 1cm
M	Largo de Sisa (recta)	25.5	25.75	26	26.25	26.5	+/- 1cm
N	Largo de Manga	20	20	20	20	20	+/- 1cm
O	Ancho Bajo de Manga	15	16	17	18	19	+/- 0,5cm
P	Ancho de Vivo Escote	1.5	1.5	1.5	1.5	1.5	+/- 0,2cm

MODELO: **Nick** #B203K		FICHA DE DESGLOSE	
Tejido: **Jersey clásico #0678**		Colección: **Lifestyle**	ABC Seams
Descripción: **Camiseta manga corta con print**		Fecha: **26/09/20** 1st PROTOTIPO / Talla **M**	

DESGLOSE DE MATERIALES

	TEJIDOS / Referencia Descripción / Peso Composición	Ubicación	Colores	Proveedor
	Tejido 1 / #0678 Jersey interlock / 180gm. 45% poliéster, 55% algodón	Cuerpo, mangas	Seguir Carta de Colores	fábrica
	Tejido 2 / #1258 Rib de algodón 1x1 / 180gr. 68% algodón, 32% lycra	Escote		

	FORNITURAS (o Avíos) Descripción y comp. Referencia / Consumo	Ubicación	Colores	Proveedor
	Cinta al bies Algodón / 1.5cm ancho #f658 / 23cm	Seguir Ficha de Fornituras	Seguir Carta de Colores	fábrica
	Hilo: Coats Astra Poliéster nr.100 #36H / 70mts			
	Estampado Boom 5 colors #004 / 1u.	Seguir Ficha de Estampado		

	ETIQUETAS	Ref.	Ubicación	Cant.	Colores	Proveedor
	Etiq. Marca + Talla		Follow Labelling Sheet	1	001	Studio Lab
	Etiq. Pestaña			1	999	
	Etiq. Cuidado			1	001	
	Bolsa Poli 20x18cm	#2018	embalaje	1	0063	

GUÍA DE SELECCIÓN

PESO DEL TEJIDO	LIVIANO		MEDIO			PESADO		
HILO Tamaño	180	150	120	100	80	50	40	30
	fino							grueso

AGUJA

Métrico	65 a 80	80 a 90	90 a 100
Singer nr.	9 a 12	12 a 14	14 a 18

LARGO DE PUNTADA

puntadas por cm	5 a 8	3 a 5	2 a 3
puntadas por pulgada	14 a 20	9 a 14	6 a 9

ALGODÓN

Telas planas.
Costura básica.
Algodón, lino y rayón.
Prendas que se van a teñir después de coser.
Tejidos delicados.
Telas transparentes.
Lencería.
Bordado.

POLIÉSTER

Telas planas y de punto.
Tejidos sintéticos.
Multiuso: blusas, jeans, camisas, ropa exterior y lencería.
Bordado.

LANA DE NYLON y POLIÉSTER

Elastizado: ideal para prendas con spandex y lycra.
Ropa deportiva, ropa de baño.

NYLON

Tejidos sintéticos.
Bueno para telas pesadas como el cuero; vinilo, lienzo y ante.
Bolsos y zapatos.
Tapicería.

SEDA

Bordado
Pespuntes en prendas delicadas.

COSTURAS
ANATOMÍA

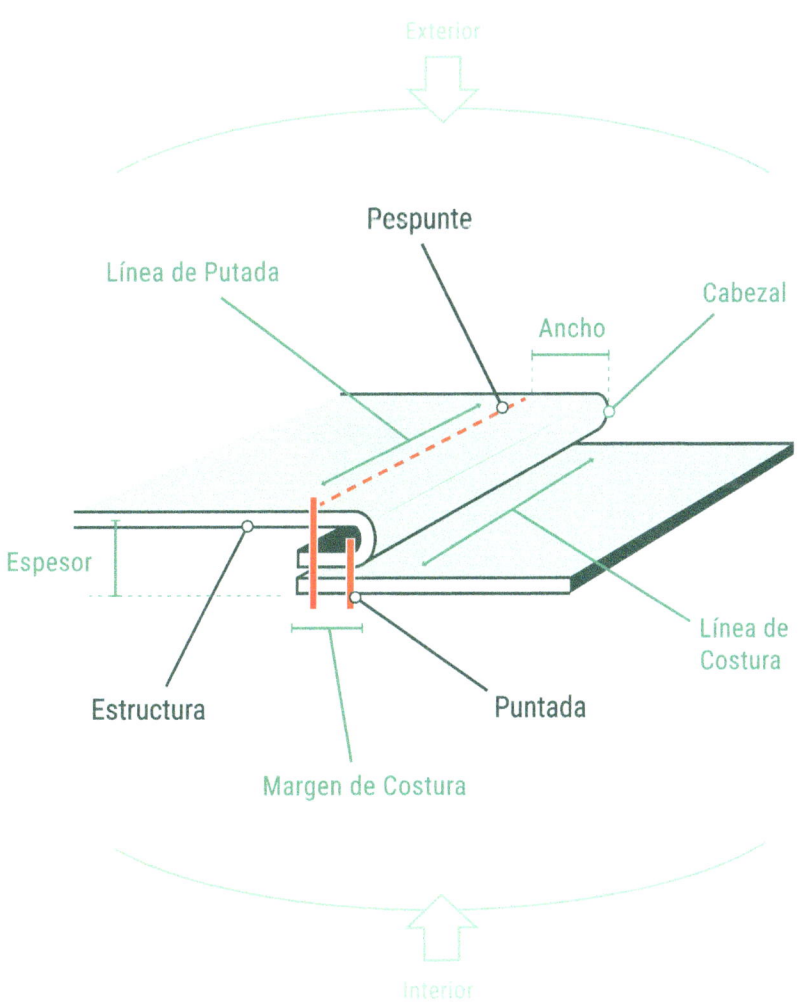

TIPOS

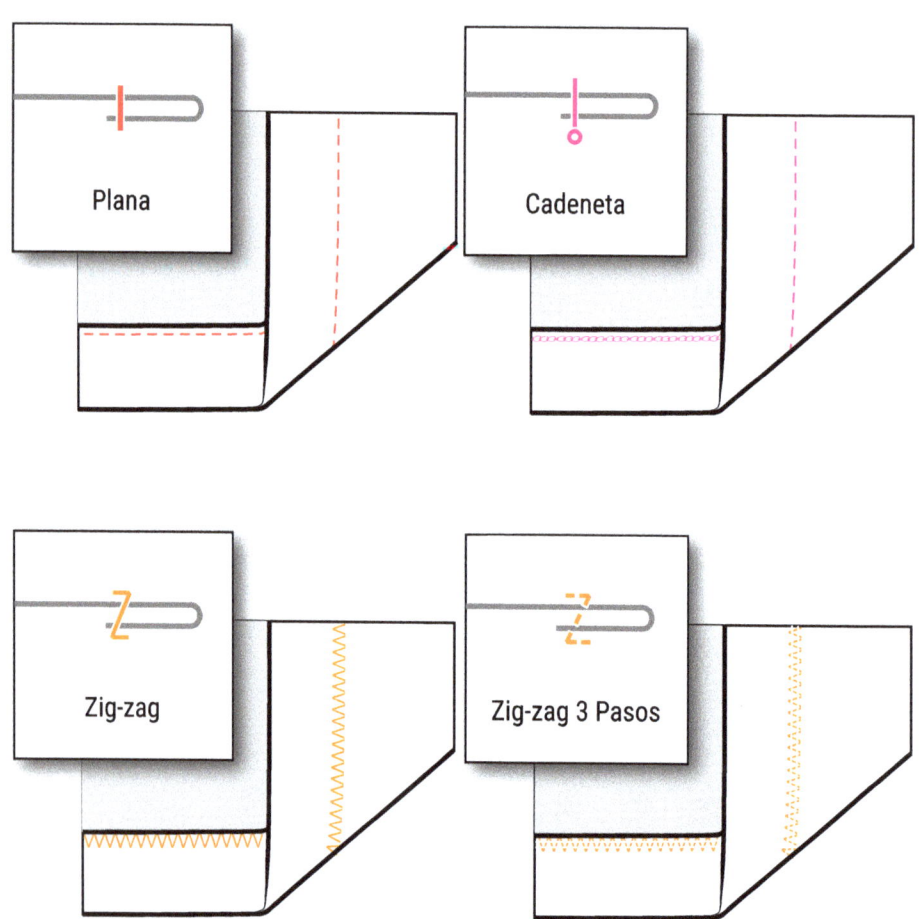

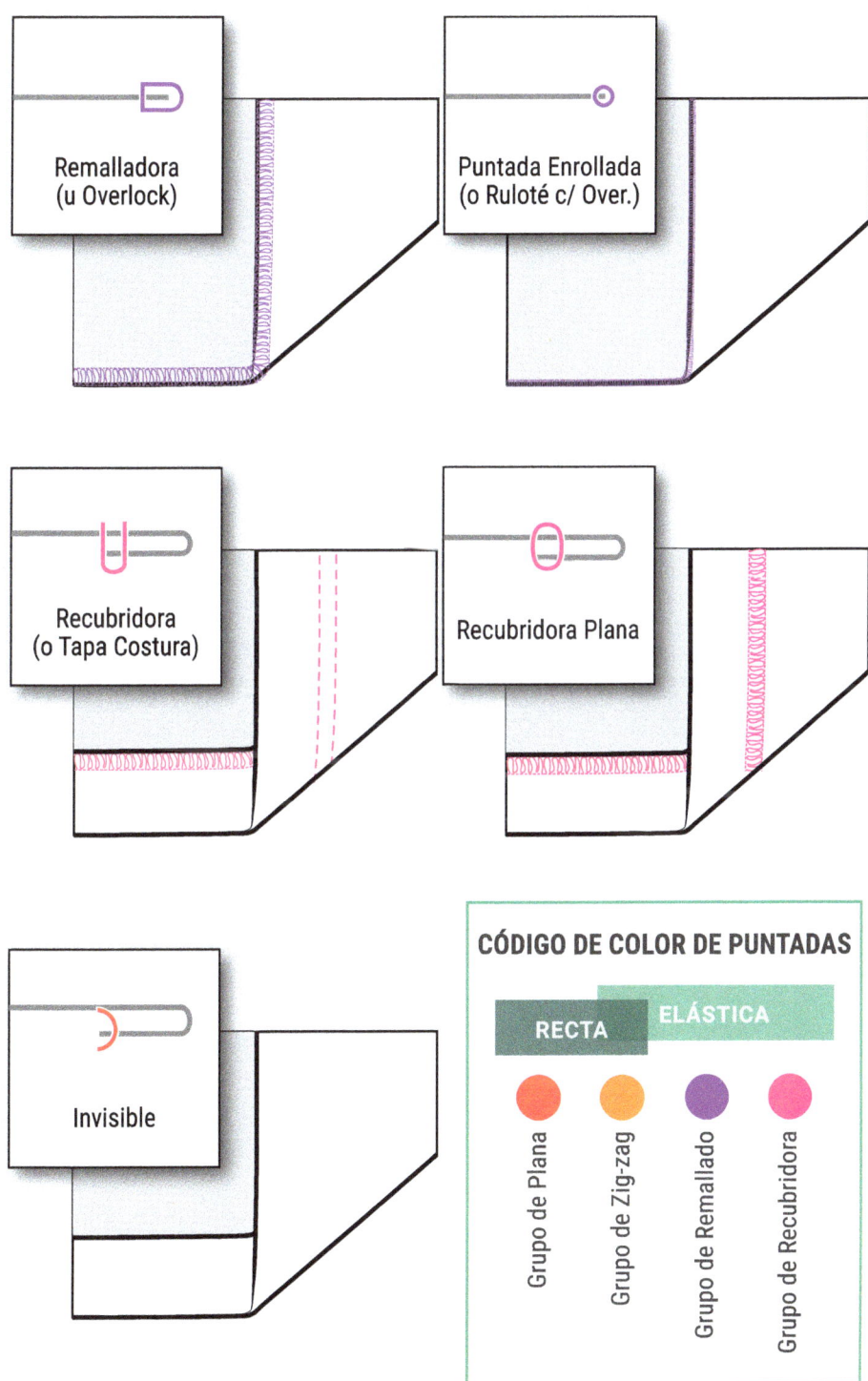

TIPOS

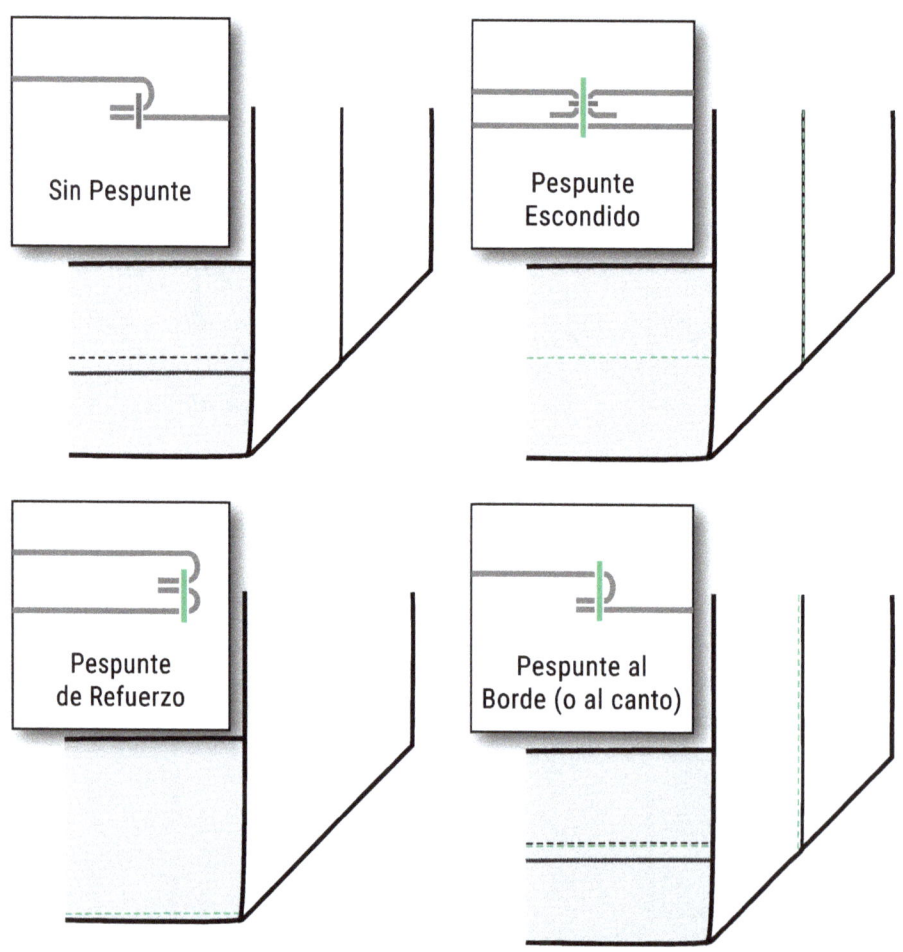

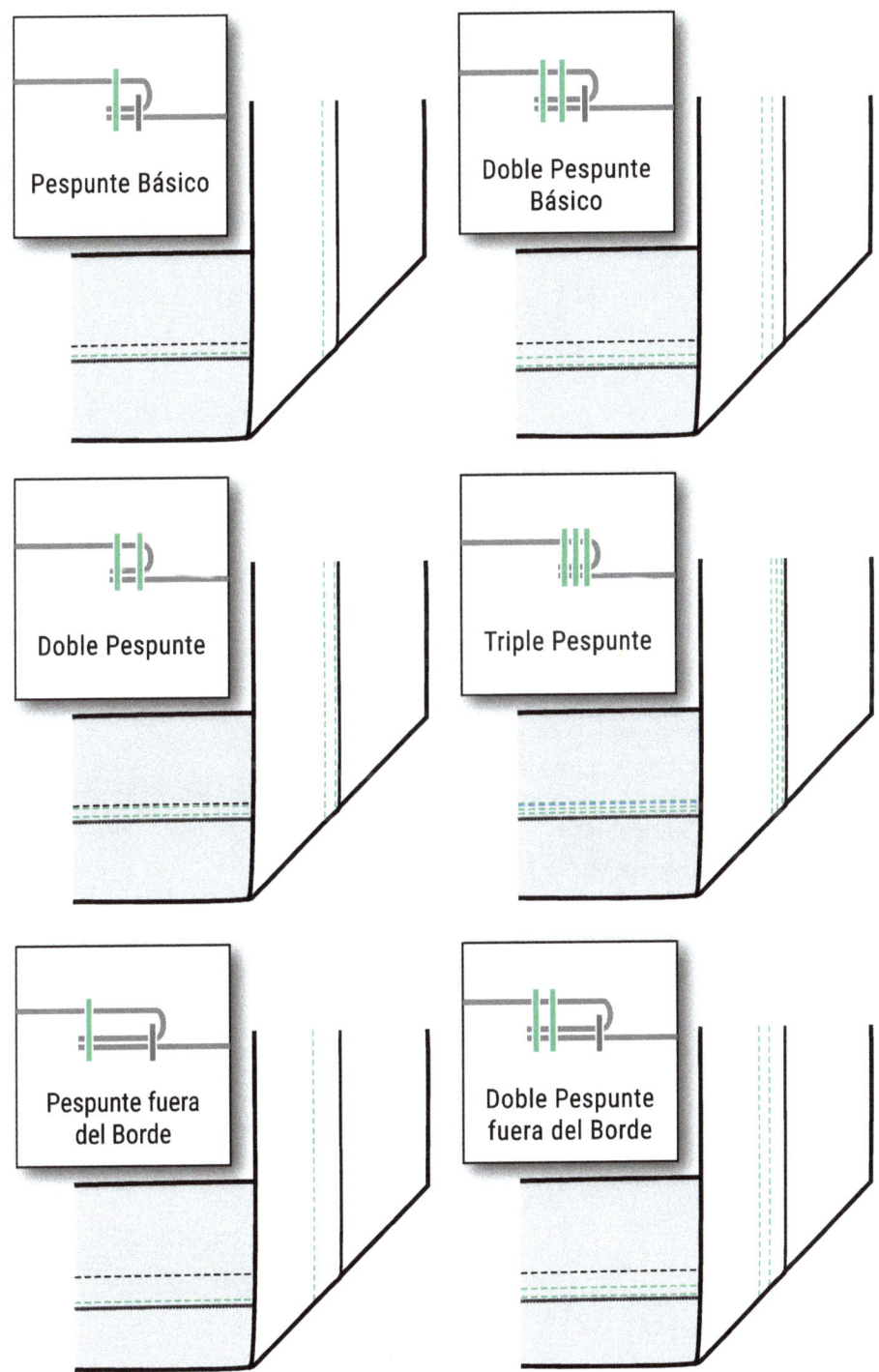

ÍNDEX

abertura, 40, 51, 54, 65, 71, 131, 134, 135, 143

bajo, 28, 32, 36, 41, 47, 55, 63, 71, 75, 83, 93, 100, 104, 111, 123, 134, 140, 153, 161, 162, 173

bolsillo, 50, 58, 59, 77, 78, 79, 86, 87, 88, 89, 92, 96, 97, 110, 117, 118, 119, 126, 136, 137, 144, 145, 154, 164, 165

    tapeta de, 58, 59, 96, 117, 136, 146, 147

bordado, 32, 40, 62, 68, 82, 108, 114, 122, 158, 164

ficha de, 190, 191

bragueta, 76, 84, 85, 87, 95, 101, 116

canesú, 41, 47, 55, 62, 63, 75, 109, 115, 123, 141, 147, 150, 151

capucha, 124, 158

cinturilla, 74, 83, 94, 101, 110, 114, 169

    extensión, 85, 105

cinturón, 159, 164

costura

    de codo, 131, 143

    de panel, 131, 140, 141, 150, 151

    princesa, 68, 69, 70

    partes de una, 19, 201

    índice de, 208, 209

cremallera, 68, 125, 152, 154

    protección de, 76, 85, 116

cuello, 42, 48, 56, 64, 142, 152

entrepierna, 74, 82, 92

escote, 29, 33, 37, 42, 48, 56, 64, 70, 125, 132, 142, 160, 173, 180, 181

estampado, 36, 188, 189

etiqueta

    de marca, 29, 36, 43, 48, 56, 64, 70, 130, 142, 152

    de talla, 43, 48, 64

    tipo pestaña, 28, 36

etiquetado, ficha de, 195

fichas técnicas, 15, 185
   bordado, 190, 191
   calidades y color, 196
   carta de colores, 192, 193
   comentarios de prueba de calce, 187
   escalado, 197
   estampado, 188, 189
   etiquetado, 195
   fornituras, 194
   materiales, 198
   medidas, 186
forro, 70, 71, 79, 124, 130, 133, 152, 153, 154, 155, 176, 177, 180
fruncido, 62, 63, 65, 169
fuelle, 47, 59

hilos, tipos de, 200
hombro, 28, 36, 40, 46, 62, 122, 140, 152, 158, 181

lateral, 28, 32, 36, 40, 46, 54, 62, 68, 74, 78, 82, 86, 92, 100, 104, 108, 115, 122, 127, 141, 145, 151, 159, 168 169, 173, 176, 181
línea de cintura, 168, 176
línea de pierna, 168, 169, 176, 180

manga, bajo de, 36, 55, 135, 159

pespuntes, tipos, 204, 205
pinza, 62, 63, 88, 100, 130,
pliegue, 82, 133, 162, 163,
puño, 41, 51, 65, 127, 143, 155
puntadas, tipos, 202, 203

sisa, 29, 33, 36, 40, 46, 55, 63, 70, 123, 131, 151, 173, 180, 181
solapa, 132

tabla, 55, 58, 59, 96
tapeta, 43, 49, 57, 64, 111, 142, 161
tirantes, 33, 172, 177
tiro, 75, 82, 83, 93, 95, 100, 104, 114, 115, 169
   refuerzo de, 168, 169, 176, 181

vista, 70, 79, 87, 101, 125, 133, 154

ÍNDEX

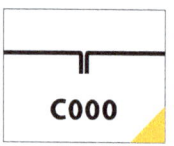

COSTURA BÁSICA
Pg. 28, 32, 36, 40, 124, 127, 168, 169, 173, 176, 181

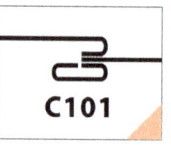

COSTURA RIBETEADA
Pg. 36, 42, 158, 160, 164

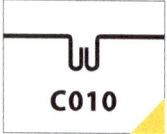

COSTURA FRANCESA
Pg. 62

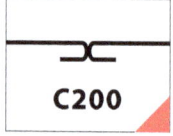

COSTURA ABIERTA
Pg. 68, 69, 70, 82, 83, 86, 130, 131, 134, 135

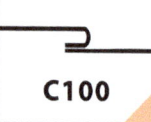

COSTURA CAÍDA
Pg. 28, 36, 40, 46, 54, 62, 63, 69, 70, 74, 76, 78, 82, 92, 93, 95, 100, 104, 105, 108, 109, 110, 114, 115, 118, 122, 123, 124, 127, 130, 131, 133, 137, 141, 144, 147, 150, 151, 152, 172, 181

COSTURA HONG KONG
Pg. 82, 159, 160

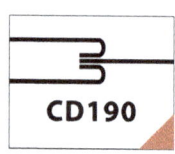

COSTURA SANDWICH
Pg. 46, 48, 51, 54, 55, 56, 62, 63, 64, 65, 74, 94, 110, 114, 125, 132, 140, 142, 143, 152, 153, 155, 168, 172, 176, 181

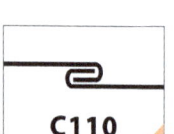

COSTURA PULÍDA
Pg. 46, 54, 55, 74, 75, 92, 100, 108, 109, 115, 140, 141, 143, 145

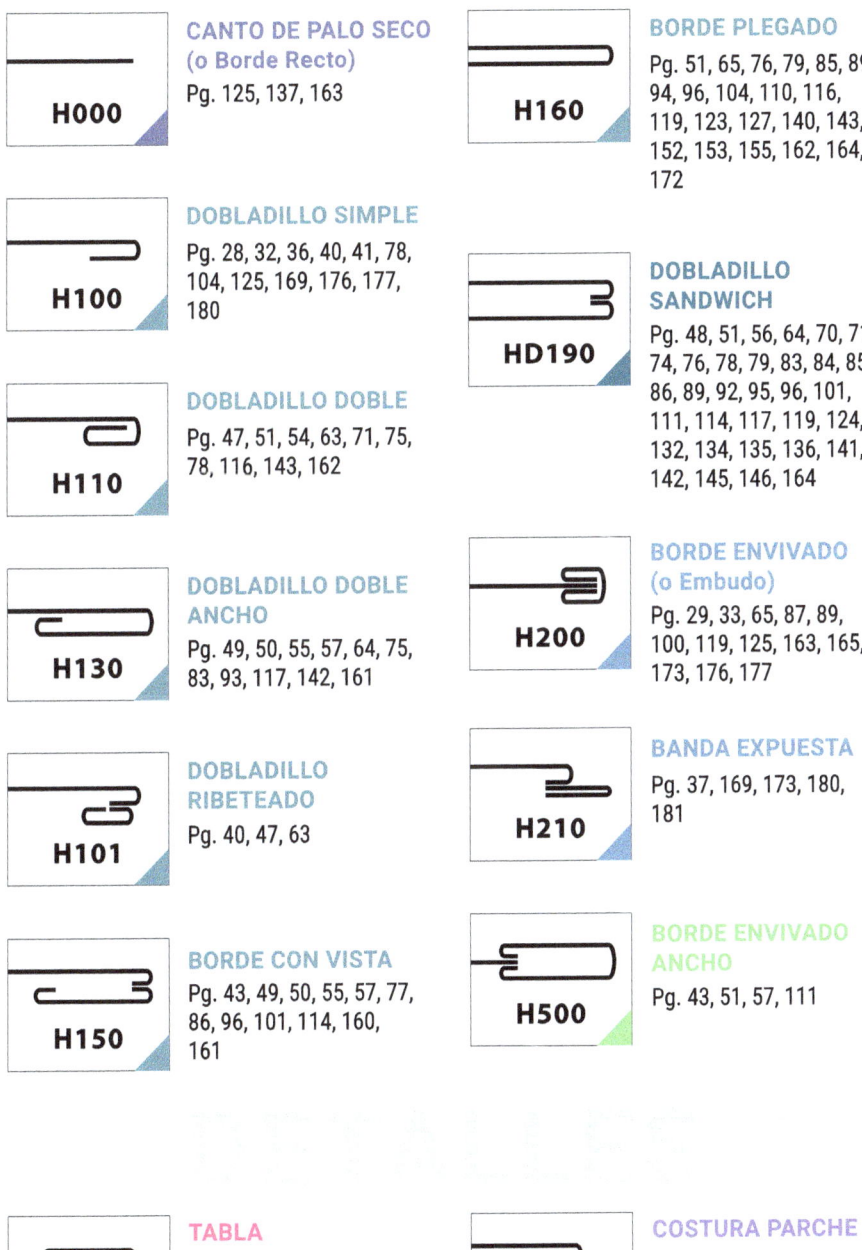

ÍNDEX

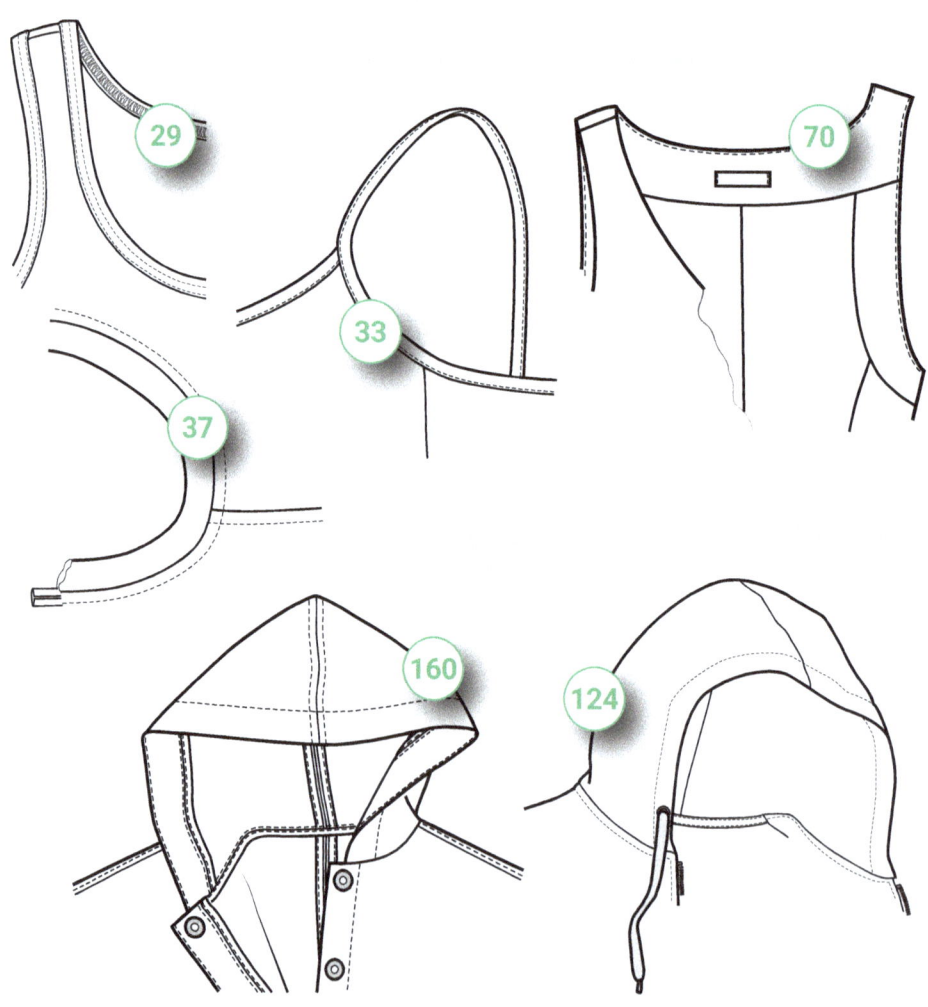

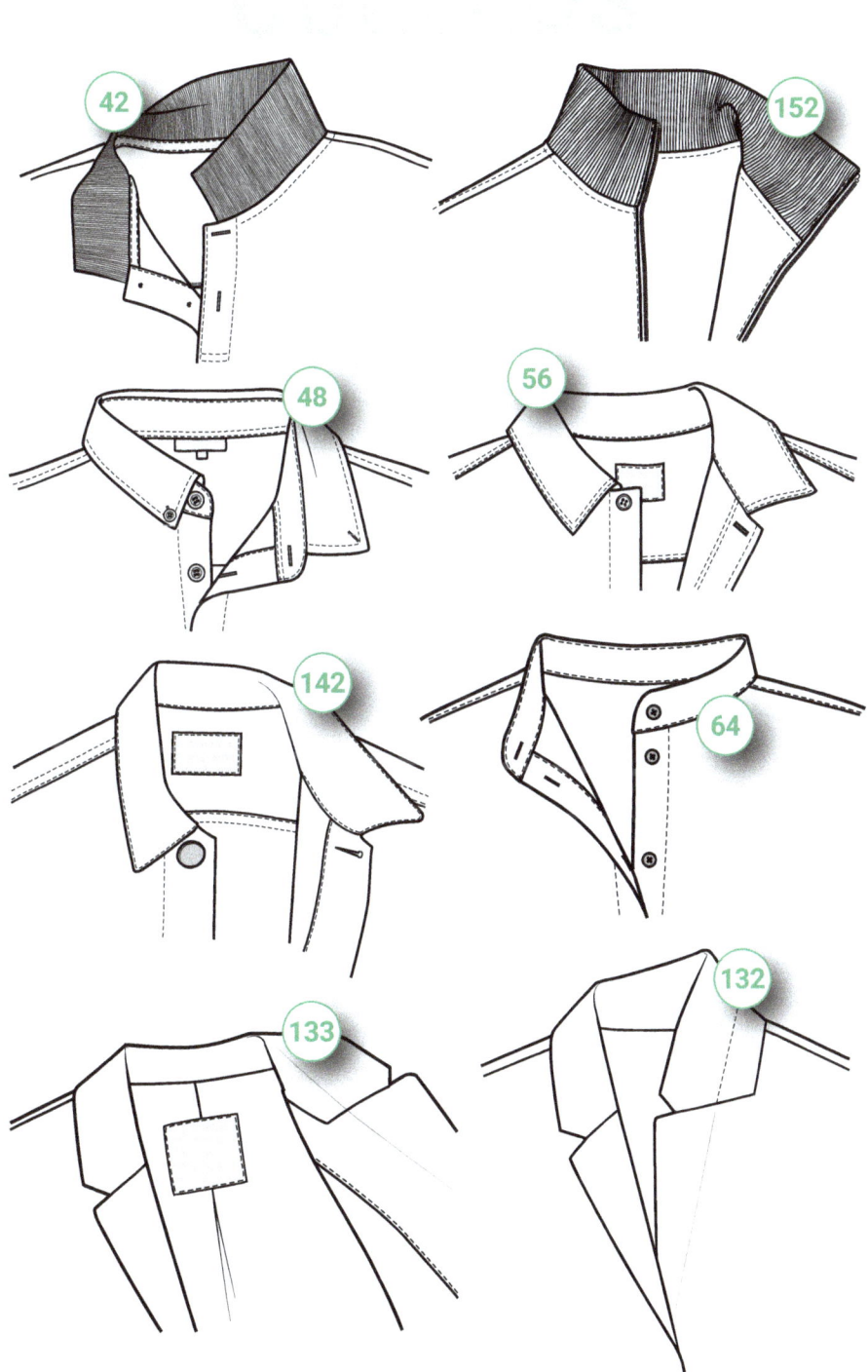

Tercera Parte. Material de Referencia

Página | 213

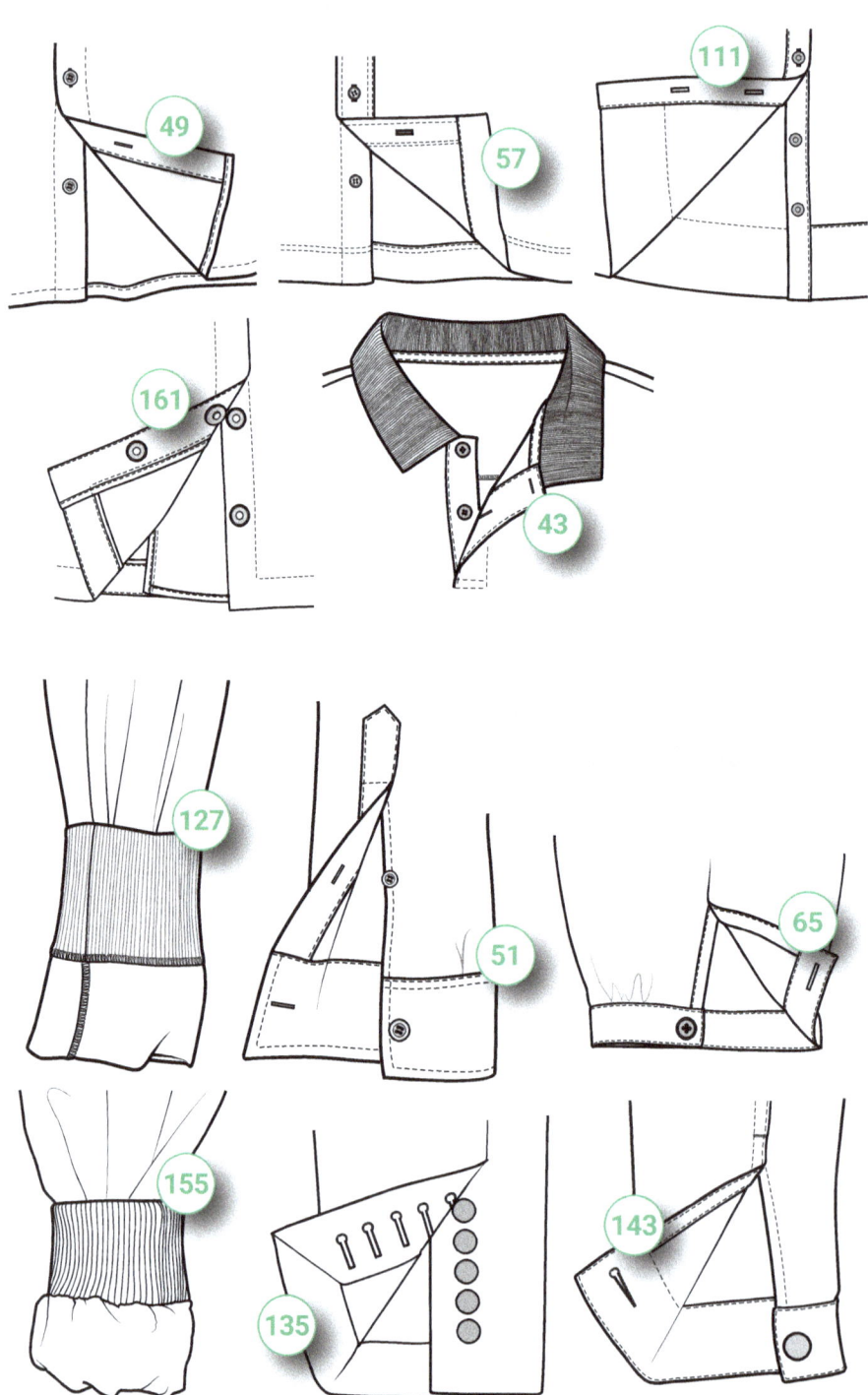

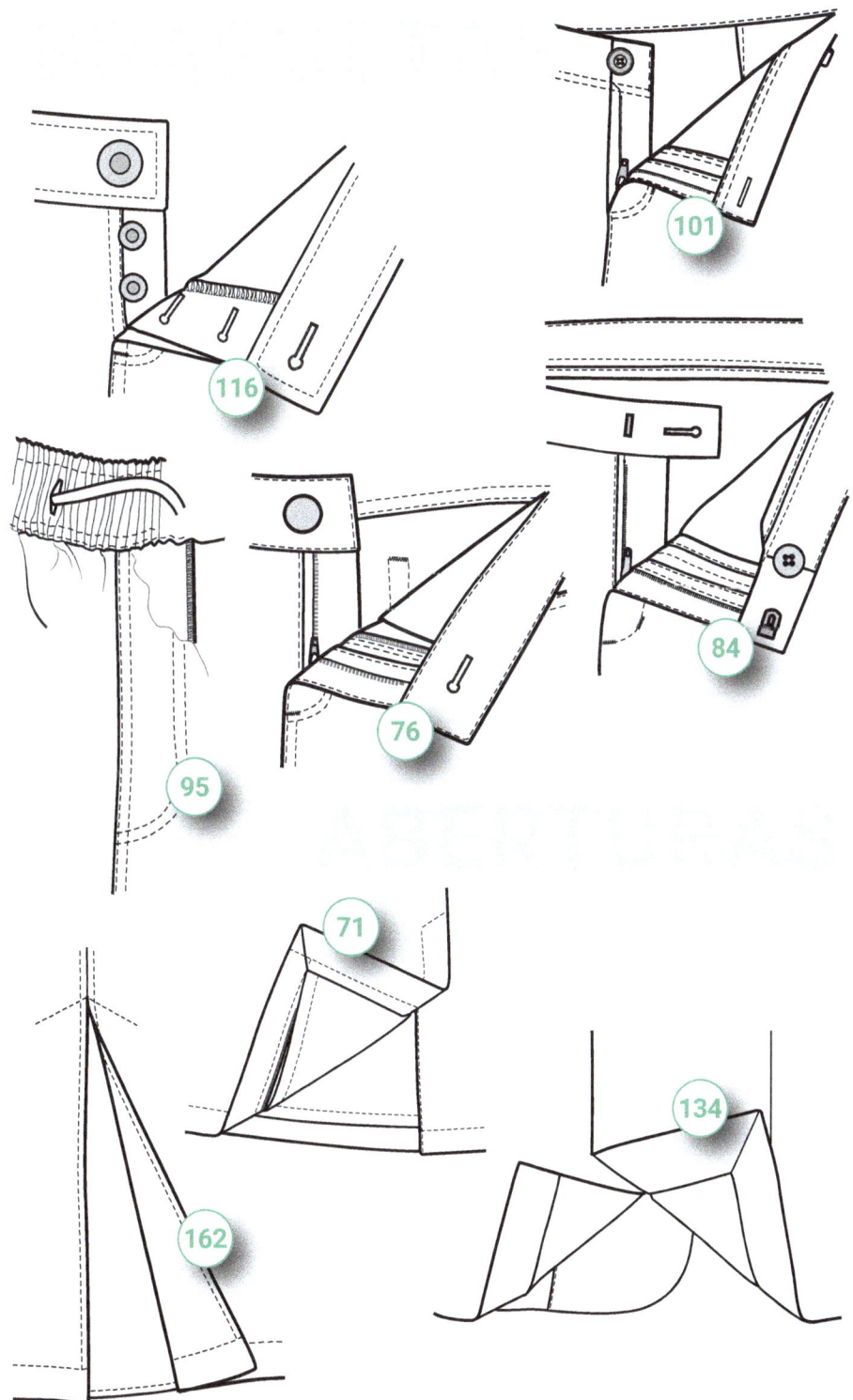

SELECCIÓN

A&E Textiles. *Selecting Stitches Per Inch*. A&E Technical Bulletin. 2011. http://www.amefird.com/wp-content/uploads/2010/01/Selecting-the-right-SPI-2-5-10.pdf

ABC Seams® Pty. Ltd. *101 Sewing Seams. The Most Used Seams by Fashion Designers*. Australia: ABC Seams® Pty. Ltd., 2018. ISBN 978-0-6482734-0-0

Brown, Gali and Palmer, Pati. *Sewing with Sergers. The Complete Handbook for Overlock Sewing.* USA: Palmer/Pletsch Associates, 1996. ISBN 0-935278-25-7

Brown, Patty. and Rice, Jannett. *Ready to wear apparel analysis.* New Jersey, Prentice Hall, 2001. ISBN 0130254347

Cabrera, Roberto and Flaherty Meyers, Patricia. *Classic Tailoring Techniques: A Construction Guide for Women's Wear.* USA: Fairchild Books, 1991. ISBN 0-870054-35-8

Carr, H. and Latham. *Technology of Clothing Manufacture.* Blackwell Science; 4th edition, 2008. ISBN: 978-1-405-16198-5

Cole, Julie and Czachor, Sharon. *Professional Sewing Techniques for Designers.* USA: Fairchild Books, 2008. ISBN 978-1-56367-516-4

Eberle, Hannelore. *Clothing Technology: From Fibre to Fashion.* Verlag Europa-Lehrmittel Nourn; 5th edition edition, 2008. ISBN-10: 3808562250

Fashionary Ltd. *Fashionpedia. The Visual Dictionary of Fashion Design.* Hong Kong: Fashionary International Ltd, 2016. ISBN 978-988-13547-6-1

Friend, R.L. *Sewing Room Technical Handbook: Lock-stitch and Overlock Seams.* Nottingham: Hatra, 1977. ISBN-10: 0901056022

Gerry Cooklin. *Introduction to Clothing Manufacture.* Blackwell Science; 2nd Edition, 2006. ISBN: 978-0-632-05846-4

Ghani, Suzaini Abdul. *Seam Performance: Analysis and Modeling*. PhD diss., University of Manchester, 2011. https://www.research.manchester.ac.uk/portal/files/54512390/FULL_TEXT.PDF

Glock, Ruth and Kunz, Grace. *Apparel Manufacturing: Sewn Product Analysis.* USA: Pearson Higher Ed USA; 4th edition, 2004. ISBN: 9780131119826

ISO. Textile. *Seam Types: Classification and Terminology.* ISO 4916-1991. Genève: ISO, 1991.

ISO. Textiles. *Stitch Types: Classification and Terminology.* ISO 4915-1991. Genève: ISO, 1991

Kabir, Sultana, and Ali. *Impact of Stitch Type and Stitch Density on Seam Properties.* Journal of Science and Research, 2016. https://pdfs.semanticscholar.org/5e30/1434ea134b064b5fc481b3104f82b83ff38e.pdf

Kennett, Frances. *Secrets of the Couturiers.* England: Orbis, 1985. ISBN 978-0-85613-818-5

Laing, R.M. and Webster, J. *Stitches and Seams.* UK: The Textile Institute, 1998. ISBN: 978-1870812733

Manuel Estany; *Diccionario Textil y del Vestir - Textile and Clothing Dictionary.* Spain: Manuel Estany, 1987. ISBN 84-404-0611-8

Shaeffer, Claire B. *Couture Sewing Techniques.* USA: The Taunton Press, 2011. ISBN 978-1-60085-335-7

Wesen Bryant, Michele and DeMers, Diane. *The Spec Manual.* USA: Fairchild Publications, Inc; 2001. ISBN 1-56367-373-8

Wood, Dorothy. *The Practical Encyclopedia of Sewing*. London: Lorenz Books, 2001. ISBN 0-7548-0277-9

Zampar, Hermenegildo and Poratto, María Laura. *Corte y Confección. Curso Fácil.* Argentina: Editorial Atlantida, 1998. ISBN 950-08-1954-6

AGRADECIMIENTOS

Nuestro más profundo agradecimiento a nuestros colegas y amigos que contribuyeron con su experiencia, tiempo y apoyo. Sus criticas y consejos fueron un aporte invaluable para dar vida a este libro:

Belén Asensio
Camila Aguirre Moura
Carolina Ines Fay
Cristina Molina Villar
Danae Wilson
Elisenda Vidiella Esteban
Eva Basagaña Rusiñol
Eva Gines Martin
Gabby BR
Gabriela Bondancia
Jane Cruise
Julieta Bernadó
Luciana Cervini
Marcelo Santisi
Marianela Fernández
Mina Park
Robert M. Cooper
Sheila López Rubio
Sonia Sayago Rodríguez
Velia Tuppin
Verónica López Orce

www.ingramcontent.com/pod-product-compliance
Lightning Source LLC
Chambersburg PA
CBHW051536010526
44107CB00064B/2746